I0536497

BESTACTIVITYBOOKS.COM

PRIMEIRA EDIÇÃO - 2022

Ilustración gráfica adicional: www.freepik.com
Graças a Alekksall, Starline, Pch.vector, Rawpixel.com, Vectorpocket, Dgim-studio, Upklyak, Macrovector, Stockgiu, Pikisuperstar & Freepik.com Designers

5 DICAS PARA COMEÇAR

1) CÓMO RESOLVER LAS SOPA DE LETRAS

Os puzzles têm um formato clássico:

- As palavras estão escondidas sem espaços ou hífenes,...
- Orientação: As palavras podem ser escritas para a frente, para trás, para cima, para baixo ou na diagonal (podem ser invertidas).
- As palavras podem sobrepor-se ou intersectar-se.

2) APRENDIZAGEM ACTIVA

Ao lado de cada palavra há um espaço para anotar a tradução. Para encorajar a aprendizagem activa, um **DICIONÁRIO** no final desta edição permitir-lhe-á verificar e expandir os seus conhecimentos. Procure e anote as traduções, encontre-as no puzzle e adicione-as ao seu vocabulário!

3) MARCAR AS PALAVRAS

Pode inventar o seu próprio sistema de marcação - talvez já use um? Pode também, por exemplo, marcar palavras difíceis de encontrar com uma cruz, palavras favoritas com uma estrela, palavras novas com um triângulo, palavras raras com um diamante, e assim por diante.

4) ESTRUTURANDO A APRENDIZAGEM

Esta edição oferece um **CADERNO DE NOTAS** prático no final do livro. Nas férias, em viagem ou em casa, pode facilmente organizar os seus novos conhecimentos sem a necessidade de um segundo caderno!

5) JÁ TERMINOU TODAS AS GRELHAS?

Nas últimas páginas deste livro, na secção **DESAFIO FINAL**, encontrará um jogo gratuito!

Rápido e fácil! Consulte a nossa colecção de livros de actividades para o seu próximo momento de diversão e **aprendizagem**, a apenas um clique de distância!

Encontre o seu próximo desafio em:

BestActivityBooks.com/MeuProximoLivro

Aos vossos lugares, preparem-se...Vão!

Sabia que existem cerca de 7.000 línguas diferentes no mundo? As palavras são preciosas.

Adoramos línguas e temos trabalhado arduamente para criar livros da mais alta qualidade para si. Os nossos ingredientes?

Uma selecção de tópicos adequados à aprendizagem, três boas porções de entretenimento, e depois acrescentamos uma colherada de palavras difíceis e uma pitada de palavras raras. Servimo-los com amor e máximo divertimento, para que possa resolver os melhores jogos de palavras e se divirta a aprender!

A sua opinião é essencial. Pode participar activamente no sucesso deste livro, deixando-nos um comentário. Gostaríamos de saber o que mais lhe agradou nesta edição.

Aqui está um link rápido para a sua página de encomendas:

BestBooksActivity.com/Avaliacoes50

Obrigado pela vossa ajuda e divirtam-se!

A Equipa Inteira

1 - Dirigindo

B	G	Y	M	G	O	M	X	M	S	I	M	D	G	A
U	N	F	A	L	L	I	O	O	N	B	E	X	F	F
G	M	X	X	T	E	M	P	T	O	X	A	H	H	T
V	A	Q	U	C	N	O	Z	G	O	M	K	N	J	J
O	N	R	H	E	N	T	M	P	T	R	Q	H	X	X
R	O	C	A	J	U	O	Y	T	U	A	G	L	M	C
S	Z	I	G	G	T	R	N	K	A	R	T	E	K	S
I	N	E	S	M	E	R	B	E	L	U	G	E	X	W
C	E	Z	A	G	S	A	V	E	R	K	E	H	R	I
H	Z	I	G	E	S	D	Y	L	G	U	K	A	Y	M
T	I	L	E	F	A	T	R	A	N	S	P	O	R	T
F	L	O	Q	A	R	E	G	N	Ä	G	S	S	U	F
L	M	P	T	H	T	I	E	H	R	E	H	C	I	S
W	I	X	I	R	S	H	I	Z	A	Q	F	Y	R	V
F	I	B	R	E	N	N	S	T	O	F	F	F	F	F

UNFALL
LKW
AUTO
BRENNSTOFF
VORSICHT
STRASSE
BREMSEN
GARAGE
GAS
LIZENZ

KARTE
MOTORRAD
MOTOR
FUSSGÄNGER
GEFAHR
POLIZEI
SICHERHEIT
TRANSPORT
VERKEHR
TUNNEL

2 - Antiguidades

C	W	W	B	J	G	N	G	E	P	C	V	R	F	G
K	Q	T	U	I	A	M	O	K	I	Q	Z	H	S	Z
D	C	X	Y	Q	L	E	B	Ö	M	R	C	D	L	F
U	G	N	U	R	E	G	I	E	T	S	R	E	V	J
S	N	Q	B	N	R	U	T	P	L	U	K	S	L	E
A	M	G	G	H	I	D	E	K	O	R	A	T	I	V
M	Ü	Q	E	I	E	X	F	T	D	G	L	P	T	G
M	N	U	A	W	E	N	T	H	U	S	I	A	S	T
L	Z	A	R	A	Ö	O	V	U	W	G	I	H	Y	S
E	E	L	T	L	W	H	E	L	E	G	A	N	T	N
R	N	I	I	T	T	N	N	C	R	Z	V	N	Z	U
M	W	T	K	V	R	V	U	L	W	B	N	P	B	K
B	P	Ä	E	A	J	G	S	S	I	E	R	P	U	Q
A	I	T	L	J	O	D	N	J	L	C	R	G	K	E
A	U	T	H	E	N	T	I	S	C	H	H	T	S	O

KUNST
AUTHENTISCH
SAMMLER
DEKORATIV
ELEGANT
ENTHUSIAST
SKULPTUR
STIL
GALERIE
UNGEWÖHNLICH
ARTIKEL
VERSTEIGERUNG
MÖBEL
MÜNZEN
PREIS
QUALITÄT
WERT
ALT

3 - Atividades

G	H	L	G	W	I	Y	G	W	F	X	T	K	M	J
D	A	A	Q	P	X	N	E	G	Ü	N	G	R	E	V
S	N	R	T	P	H	Y	M	O	Q	F	W	B	N	C
K	L	S	T	Q	T	T	Ä	T	I	V	I	T	K	A
U	E	P	N	E	S	E	L	F	W	T	Y	M	J	C
T	G	R	J	U	N	T	D	W	I	Z	D	A	A	T
R	N	B	A	O	U	A	E	O	A	B	P	G	G	O
M	A	A	U	M	K	J	R	W	M	N	C	I	D	Y
L	D	E	T	S	I	L	J	B	P	X	D	E	N	D
S	P	I	E	L	E	K	L	M	E	H	L	E	J	I
F	R	E	I	Z	E	I	T	P	W	I	M	A	R	B
I	N	T	E	R	E	S	S	E	N	D	T	F	H	N
F	Ä	H	I	G	K	E	I	T	T	K	J	I	M	C
K	U	N	S	T	H	A	N	D	W	E	R	K	Y	F
F	O	T	O	G	R	A	F	I	E	X	K	G	H	P

KUNST
KUNSTHANDWERK
AKTIVITÄT
JAGD
WANDERN
KERAMIK
FOTOGRAFIE
FÄHIGKEIT
INTERESSEN
GARTENARBEIT
SPIELE
FREIZEIT
LESEN
MAGIE
ANGELN
GEMÄLDE
VERGNÜGEN

4 - Churrascos

T	C	Y	T	A	E	I	L	I	M	A	F	Q	D	Z
O	T	S	V	F	B	I	V	G	Z	L	T	A	C	Z
M	C	J	F	T	T	E	N	E	P	W	X	H	J	S
A	U	Y	U	V	E	W	N	L	L	I	R	G	H	F
T	R	Z	P	A	V	P	P	D	A	K	Y	U	P	F
E	M	H	U	N	G	E	R	N	E	D	C	C	K	F
N	H	U	H	I	J	S	Z	L	A	S	U	D	Y	G
R	E	B	S	O	P	C	R	B	C	I	S	N	N	E
G	N	Y	B	I	P	F	E	F	F	E	R	E	G	M
H	E	I	S	S	K	L	S	J	Y	L	E	J	N	Ü
S	O	S	S	E	V	M	S	B	P	E	D	G	Q	S
F	R	U	C	H	T	P	E	Z	W	I	N	O	N	E
S	A	L	A	T	E	P	M	Y	A	P	I	V	O	X
F	M	S	Q	K	R	E	M	M	O	S	K	M	W	R
M	I	T	T	A	G	E	S	S	E	N	Y	R	A	M

MITTAGESSEN
EINLADUNG
KINDER
MESSER
FAMILIE
HUNGER
HUHN
FRUCHT
GRILL
ABENDESSEN
SPIELE
GEMÜSE
SOSSE
MUSIK
PFEFFER
HEISS
SALZ
SALATE
TOMATEN
SOMMER

5 - Pesca

N	X	Ü	Y	X	I	I	A	K	G	F	G	J	C	L
E	E	C	B	H	J	V	O	I	E	L	E	A	E	X
K	F	I	I	E	C	B	E	E	D	O	W	H	L	X
A	O	V	D	R	R	L	K	F	U	S	I	R	K	M
H	F	R	U	K	V	T	O	E	L	S	C	E	D	Z
C	V	A	B	E	I	H	R	R	D	E	H	S	F	B
V	H	I	U	E	F	A	E	E	F	N	T	Z	O	Y
Z	N	J	H	S	E	R	G	Q	I	Y	Z	E	O	K
K	Ö	D	E	R	R	D	S	O	G	B	Y	I	B	O
C	I	N	X	C	E	Ü	R	X	Q	K	U	T	Y	C
H	G	M	A	F	S	O	S	B	O	O	T	N	A	H
D	O	I	F	L	S	Z	B	T	G	W	V	D	G	E
E	J	S	R	N	A	E	E	M	U	F	Y	W	I	N
F	L	U	S	S	W	A	Y	N	D	N	A	R	T	S
K	I	E	M	E	N	N	E	R	N	W	G	W	B	Q

WASSER
FLOSSEN
BOOT
KIEMEN
KORB
KOCHEN
AUSRÜSTUNG
ÜBERTREIBUNG
DRAHT
HAKEN
KÖDER
SEE
KIEFER
OZEAN
GEDULD
GEWICHT
STRAND
FLUSS
JAHRESZEIT

6 - Geologia

E	R	O	S	I	O	N	I	E	T	S	K	S	Z	Z
M	I	N	E	R	A	L	I	E	N	O	O	H	N	C
L	A	V	A	X	H	S	V	E	E	S	R	I	K	Q
I	A	X	Y	A	W	V	C	S	U	A	A	Y	R	A
S	O	V	R	D	S	T	K	H	E	L	L	D	I	S
S	S	M	T	F	O	Ä	E	G	I	Z	L	C	S	T
O	J	M	P	R	K	B	U	X	T	C	E	T	T	A
F	M	U	I	Z	L	A	K	R	N	S	H	H	A	L
S	T	A	L	A	K	T	I	T	E	K	D	T	L	A
C	W	E	L	H	Ö	H	Y	A	N	R	G	A	L	G
O	J	T	O	B	U	D	W	J	I	F	F	V	E	M
Z	R	A	U	Q	Z	O	S	O	T	N	G	N	N	I
V	U	L	K	A	N	E	Y	D	N	M	G	K	O	T
E	A	P	W	R	F	P	K	G	O	I	Z	F	Z	E
E	R	D	B	E	B	E	N	G	K	N	E	H	B	N

SÄURE
SCHICHT
HÖHLE
KALZIUM
KONTINENT
KORALLE
KRISTALLE
EROSION
STALAKTIT
STALAGMITEN
FOSSIL
LAVA
MINERALIEN
STEIN
PLATEAU
QUARZ
SALZ
ERDBEBEN
VULKAN
ZONE

7 - Tempo

K	N	N	Y	J	A	H	R	H	U	N	D	E	R	T
A	J	P	L	N	B	V	W	D	U	H	R	L	D	A
L	G	I	C	K	C	X	N	B	P	Q	S	X	E	O
E	H	C	O	W	L	P	F	E	F	N	J	N	D	C
N	D	A	M	K	T	H	C	A	N	C	T	Y	G	J
D	T	H	M	X	W	Z	J	Ä	H	R	L	I	C	H
E	D	N	U	T	S	T	T	N	E	M	O	M	M	H
R	G	E	S	T	E	R	N	E	N	K	M	V	I	E
O	K	Y	V	G	T	B	H	G	J	M	O	X	T	U
Z	U	K	U	N	F	T	E	R	F	M	N	P	T	T
H	Z	V	K	E	A	G	Z	O	J	I	A	V	A	E
H	P	L	C	K	P	T	R	M	A	N	T	G	G	F
P	G	I	N	L	M	N	H	P	H	U	W	A	A	N
Y	R	B	N	C	H	H	A	E	R	T	X	S	T	B
X	G	Y	H	B	Y	J	J	X	F	E	P	D	Y	Y

JETZT
JAHR
VOR
JÄHRLICH
KALENDER
JAHRZEHNT
TAG
ZUKUNFT
HEUTE
STUNDE

MORGEN
MITTAG
MONAT
MINUTE
MOMENT
NACHT
GESTERN
UHR
WOCHE
JAHRHUNDERT

8 - Astronomia

Q	G	E	K	A	F	J	P	S	K	F	U	K	E	P
G	A	E	T	Z	E	D	M	T	O	I	N	S	V	J
R	L	R	R	L	P	C	E	R	N	N	I	O	F	U
Y	A	A	A	D	N	R	T	A	S	S	V	L	N	A
X	X	V	T	K	E	O	E	H	T	T	E	A	U	S
D	I	O	F	D	E	O	O	L	E	E	R	R	T	T
T	E	N	A	L	P	T	R	U	L	R	S	L	J	R
U	A	R	R	L	E	B	E	N	L	N	U	P	N	O
A	S	E	K	H	R	I	N	G	A	I	M	N	M	N
N	T	P	R	H	P	V	S	D	T	S	D	U	C	O
O	E	U	E	J	W	O	T	J	I	M	O	N	D	M
R	R	S	W	T	D	G	O	Z	O	O	J	U	S	L
T	O	P	H	X	X	X	R	B	N	T	I	X	L	G
S	I	M	C	H	I	M	M	E	L	A	N	H	C	B
A	D	A	S	O	M	S	O	K	O	X	W	U	E	Q

ASTEROID
ASTRONAUT
ASTRONOM
HIMMEL
KONSTELLATION
KOSMOS
FINSTERNIS
RAKETE
GALAXIE
SCHWERKRAFT
MOND
METEOR
NEBEL
PLANET
STRAHLUNG
SOLAR
SUPERNOVA
ERDE
UNIVERSUM

9 - Acampamento

V	K	T	J	S	S	V	V	H	C	H	R	E	A	D
K	A	N	U	J	Z	U	X	Ä	Z	U	E	V	W	F
T	J	W	U	H	F	R	I	N	A	T	U	N	A	K
R	J	R	X	Z	A	W	P	G	U	L	E	H	L	O
A	X	A	P	M	M	D	X	E	S	E	T	Z	D	M
N	L	X	O	I	R	S	D	M	R	Z	N	N	Z	P
R	Z	Y	V	O	F	H	M	A	Ü	S	E	E	Z	A
Q	T	N	J	S	N	E	O	T	S	J	B	C	Z	S
P	J	B	U	R	X	M	N	T	T	B	A	R	V	S
I	U	Z	Y	H	Q	U	D	E	U	P	D	G	D	G
J	N	S	P	K	D	Ä	O	E	N	L	R	F	D	D
B	K	S	E	N	I	B	A	K	G	R	E	B	R	Y
U	E	R	E	I	T	N	W	N	A	T	U	R	C	B
X	D	X	U	K	L	S	E	A	Y	E	E	D	D	Q
J	S	T	M	E	T	R	A	K	R	Y	F	N	L	N

TIERE
ABENTEUER
BÄUME
KOMPASS
KABINE
JAGD
KANU
HUT
SEIL
AUSRÜSTUNG
WALD
FEUER
INSEKT
SEE
MOND
HÄNGEMATTE
KARTE
BERG
NATUR
ZELT

10 - Ficção Científica

U	R	I	J	F	A	N	T	A	S	T	I	S	C	H
T	O	M	F	U	T	U	R	I	S	T	I	S	C	H
O	B	A	D	Q	E	J	E	E	R	E	K	P	Y	K
P	O	G	P	U	X	F	U	B	F	N	G	Z	M	K
I	T	I	V	A	P	C	E	U	E	A	D	N	Z	Y
E	E	N	M	T	L	E	F	A	T	L	C	P	A	B
D	R	Ä	G	O	O	O	X	B	G	P	B	U	L	P
K	Y	R	Q	M	S	U	L	T	B	Ü	C	H	E	R
V	F	S	V	I	I	O	E	U	R	K	H	P	K	S
S	P	I	T	C	O	W	E	L	T	E	G	U	A	X
M	A	V	W	O	N	W	M	B	O	P	M	U	R	A
E	R	F	I	N	P	U	I	L	L	U	S	I	O	N
F	V	V	O	I	B	I	D	L	O	V	U	D	V	D
C	H	A	C	K	D	K	E	K	J	J	B	X	K	H
G	A	L	A	X	I	E	M	F	U	U	C	Z	R	K

ATOMIC
KINO
FERN
DYSTOPIE
EXPLOSION
EXTREM
FANTASTISCH
FEUER
FUTURISTISCH
GALAXIE
ILLUSION
IMAGINÄR
BÜCHER
WELT
ORAKEL
PLANET
ROBOTER
UTOPIE

11 - Mitologia

K	C	E	Y	Z	R	D	K	D	C	J	K	A	Y	Y
R	Z	G	X	T	N	L	U	O	E	L	E	H	R	C
E	S	T	Ä	R	K	E	L	N	U	L	E	D	V	V
A	T	U	I	R	Z	H	T	N	I	R	Y	B	A	L
T	C	H	T	L	E	H	U	E	D	Q	J	X	D	C
U	J	G	V	P	B	F	R	R	O	J	E	G	J	U
R	I	Y	U	F	O	H	P	K	N	I	D	L	E	H
M	A	G	I	S	C	H	W	R	O	O	R	E	D	D
M	E	I	F	E	R	S	U	C	H	T	A	G	B	S
S	O	K	R	E	A	T	I	O	N	W	C	E	U	S
B	B	N	E	T	L	A	H	R	E	V	H	N	Q	W
V	P	E	S	N	S	P	I	I	U	S	E	D	O	V
F	B	P	Y	T	E	H	C	R	A	V	P	E	O	J
Q	W	N	F	E	E	S	T	E	R	B	L	I	C	H
U	T	X	V	H	W	R	K	R	I	E	G	E	R	C

ARCHETYP
EIFERSUCHT
VERHALTEN
KREATION
KREATUR
KULTUR
STÄRKE
KRIEGER
HELDIN
HELD
LABYRINTH
LEGENDE
MAGISCH
MONSTER
STERBLICH
BLITZ
DONNER
RACHE

12 - Medições

V	V	H	W	K	I	L	O	G	R	A	M	M	F	G
C	W	N	S	V	O	P	V	K	E	E	U	D	W	E
U	N	Z	E	E	D	I	O	C	T	H	T	O	A	W
K	X	S	S	C	C	W	L	G	E	Ö	G	E	A	I
P	Z	V	S	H	Z	M	U	R	M	H	Y	N	M	C
K	H	Y	A	Z	F	I	M	M	I	L	J	D	Z	H
S	C	L	M	W	Z	N	E	M	T	N	V	T	B	T
I	H	A	A	A	Y	U	N	M	N	T	O	N	N	E
I	M	M	F	F	Y	T	M	N	E	M	O	G	T	O
B	L	I	S	V	S	E	M	T	Z	G	O	N	W	V
P	R	Z	X	V	F	O	A	P	H	J	H	A	T	Z
H	Q	E	L	I	T	E	R	I	G	W	A	H	I	O
Y	W	D	I	L	Ä	N	G	E	T	R	G	H	E	L
G	N	R	E	T	E	M	O	L	I	K	A	W	F	L
W	O	Y	V	A	E	P	O	B	Y	T	E	D	E	D

HÖHE
BYTE
ZENTIMETER
LÄNGE
DEZIMAL
GRAMM
GRAD
BREITE
LITER
MASSE
METER
MINUTE
UNZE
GEWICHT
ZOLL
TIEFE
KILOGRAMM
KILOMETER
TONNE
VOLUMEN

13 - Álgebra

P	T	X	E	L	J	Y	Q	L	E	T	L	Z	E	P
Y	R	W	I	E	G	S	X	X	I	R	T	A	M	R
L	M	L	Q	S	E	N	Z	I	R	N	O	Y	M	O
F	M	U	G	T	N	E	N	O	P	X	E	S	U	B
F	A	T	N	K	L	A	M	M	E	R	N	A	S	L
A	R	L	U	G	L	E	I	C	H	U	N	G	R	E
K	G	I	S	V	N	U	L	L	Y	E	G	N	E	M
T	A	E	Ö	C	A	W	M	O	X	T	A	O	M	I
O	I	T	L	N	H	R	Q	Y	F	E	X	V	M	E
R	D	H	E	V	H	C	I	L	D	N	E	N	U	W
Z	J	C	M	W	I	P	Q	A	C	Z	J	R	N	X
V	Q	U	R	W	J	O	Q	F	B	X	R	O	X	A
Z	S	R	O	H	O	R	Y	C	P	L	T	W	J	M
P	C	B	F	S	Q	O	D	D	V	K	E	M	V	Q
V	E	R	E	I	N	F	A	C	H	E	N	V	A	Y

DIAGRAMM
GLEICHUNG
EXPONENT
FALSCH
FAKTOR
FORMEL
BRUCHTEIL
UNENDLICH
LINEAR
MATRIX
NUMMER
KLAMMERN
PROBLEM
MENGE
VEREINFACHEN
LÖSUNG
SUMME
VARIABLE
NULL

14 - Plantas

B	E	V	E	G	E	T	A	T	I	O	N	B	O	G
L	F	Z	R	H	T	Q	W	L	E	Z	R	U	W	A
U	E	F	S	K	C	N	A	G	R	I	D	T	I	R
M	U	B	K	J	A	S	N	J	E	F	T	M	N	T
E	S	N	P	Y	D	L	A	W	E	P	C	Y	M	E
V	S	I	K	I	N	A	T	O	B	K	G	I	N	N
O	S	I	H	C	S	U	B	D	V	T	R	R	I	G
B	O	H	N	E	U	B	B	T	Ü	A	M	A	A	O
F	L	O	R	A	T	Y	O	W	I	N	J	M	U	S
X	O	L	Q	D	K	Y	Z	D	V	C	G	E	X	T
M	U	A	B	R	A	S	X	O	R	A	C	E	H	B
O	Y	F	L	L	K	P	A	Z	N	H	C	I	R	G
O	Z	M	S	B	L	Ü	T	E	N	B	L	A	T	T
S	U	B	M	A	B	W	L	X	V	B	G	Q	V	G
V	O	S	U	E	A	D	X	I	R	Y	S	A	E	E

BUSCH
BAUM
BEERE
BAMBUS
BOTANIK
KAKTUS
KRAUT
BOHNE
DÜNGER
BLUME

FLORA
WALD
LAUB
GRAS
EFEU
GARTEN
MOOS
BLÜTENBLATT
WURZEL
VEGETATION

15 - Veículos

M	F	A	H	R	R	A	D	A	T	E	L	W	X	B
B	O	H	M	I	E	R	Q	B	R	T	R	O	G	Z
S	T	T	C	Q	B	O	E	M	A	E	S	H	A	N
S	U	B	O	G	U	L	Q	Z	K	K	T	N	Ä	E
O	A	T	Z	R	A	L	H	O	T	A	N	W	Z	F
L	R	A	X	M	R	E	F	V	O	R	N	A	Y	I
F	T	X	Z	N	H	R	I	M	R	B	I	G	Z	E
L	L	I	K	S	C	L	K	W	K	W	H	E	S	R
U	A	Z	L	M	S	W	V	A	N	F	Y	N	V	M
G	M	E	M	W	B	C	D	Y	U	V	T	P	F	A
Z	Y	O	B	L	U	F	Q	L	G	B	A	R	U	W
E	F	F	F	P	H	U	B	A	H	N	O	X	L	B
U	K	I	M	T	F	B	L	Z	C	J	T	O	E	O
G	K	R	A	N	K	E	N	W	A	G	E	N	T	O
Y	R	B	U	T	F	B	D	X	X	Z	J	C	W	T

KRANKENWAGEN
FLUGZEUG
FÄHRE
BOOT
FAHRRAD
LKW
WOHNWAGEN
AUTO
RAKETE
VAN

HUBSCHRAUBER
FLOSS
ROLLER
U-BAHN
MOTOR
BUS
REIFEN
U-BOOT
TAXI
TRAKTOR

16 - Engenharia

A	N	G	R	B	D	M	N	Q	O	P	U	D	M	S
W	W	N	U	A	E	I	E	C	V	T	H	I	A	T
J	R	U	T	B	S	R	A	S	F	T	Q	E	S	A
Z	S	B	K	L	H	Z	E	G	S	N	M	S	C	B
F	K	I	U	Q	C	A	T	C	R	U	Z	E	H	I
N	H	E	R	H	A	L	D	C	H	A	N	L	I	L
V	E	R	T	E	I	L	U	N	G	N	M	G	N	I
F	L	Ü	S	S	I	G	K	E	I	T	U	M	E	T
M	O	T	O	R	E	N	E	R	G	I	E	N	E	Ä
K	O	N	S	T	R	U	K	T	I	O	N	W	G	T
D	U	R	C	H	M	E	S	S	E	R	I	I	N	T
S	T	Ä	R	K	E	X	B	E	I	R	T	N	A	I
A	B	I	I	F	X	C	O	W	X	G	F	K	I	E
G	W	X	S	P	Z	L	W	W	L	E	B	E	H	F
X	J	F	Z	A	P	W	U	E	Q	S	O	L	U	E

HEBEL
REIBUNG
WINKEL
BERECHNUNG
KONSTRUKTION
DIAGRAMM
DURCHMESSER
DIESEL
VERTEILUNG
ACHSE
ENERGIE
STABILITÄT
STRUKTUR
STÄRKE
FLÜSSIGKEIT
MASCHINE
MESSUNG
MOTOR
TIEFE
ANTRIEB

17 - Restaurante # 2

V	C	D	O	V	O	R	S	P	E	I	S	E	L	E
A	K	Ö	S	T	L	I	C	H	L	U	Z	D	P	S
B	Q	Z	E	G	U	P	G	A	B	E	L	O	T	N
E	D	Z	P	X	H	D	N	P	T	K	E	O	D	E
N	E	H	C	U	K	S	A	L	A	T	I	W	C	L
D	G	O	L	U	O	Y	X	K	E	L	L	N	E	R
E	E	B	P	H	S	U	P	P	E	Y	T	X	I	U
S	M	U	N	N	U	M	E	J	E	R	S	X	W	C
S	Ü	P	P	M	I	T	T	A	G	E	S	S	E	N
E	S	F	S	J	T	P	S	F	I	S	C	H	Y	L
N	E	Z	R	Ü	W	E	G	N	S	S	E	Z	W	E
Q	O	J	B	U	O	R	U	D	U	A	E	I	I	D
O	R	I	C	E	C	A	P	N	L	W	S	B	S	U
L	Ö	F	F	E	L	H	S	A	L	Z	Z	C	S	N
G	E	T	R	Ä	N	K	T	M	Y	C	S	V	L	R

MITTAGESSEN
VORSPEISE
WASSER
GETRÄNK
KUCHEN
STUHL
LÖFFEL
KÖSTLICH
GEWÜRZE
FRUCHT
KELLNER
GABEL
EIS
ABENDESSEN
GEMÜSE
NUDELN
FISCH
SALZ
SALAT
SUPPE

18 - Países #2

N	U	U	O	Y	R	B	G	I	M	I	P	V	G	M
U	Q	F	P	S	A	K	A	Q	D	P	O	D	G	I
G	R	I	E	C	H	E	N	L	A	N	D	Ä	M	I
E	O	T	M	P	Q	H	E	B	L	T	I	N	E	E
E	N	I	A	R	K	U	I	C	A	O	R	E	X	P
D	J	A	Y	M	N	O	N	A	B	I	L	M	I	U
N	Y	H	R	J	C	V	A	P	U	S	A	A	K	S
N	E	I	R	Y	S	B	B	H	J	L	N	R	O	O
I	J	Q	Z	C	A	O	L	J	U	A	D	K	K	M
G	A	D	N	A	G	U	A	X	G	P	P	L	J	A
E	M	Z	B	J	E	Q	L	L	W	E	M	A	X	L
R	A	G	M	W	N	E	I	S	E	N	O	D	N	I
I	I	R	U	S	S	L	A	N	D	J	C	Y	D	A
A	K	F	R	A	N	K	R	E	I	C	H	K	I	D
N	A	T	S	I	K	A	P	T	I	B	E	R	B	B

ALBANIEN
DÄNEMARK
FRANKREICH
GRIECHENLAND
HAITI
INDONESIEN
IRLAND
JAMAIKA
JAPAN
LAOS
LIBANON
MEXIKO
NEPAL
NIGERIA
PAKISTAN
RUSSLAND
SYRIEN
SOMALIA
UKRAINE
UGANDA

19 - Números

Z	W	E	I	X	L	X	N	Y	I	I	Z	E	H	N
Z	W	A	N	Z	I	G	S	E	C	H	Z	E	H	N
E	E	C	U	J	S	D	U	D	B	D	H	S	B	H
O	I	S	N	F	F	A	F	I	A	E	Y	P	D	E
B	N	H	E	Z	R	E	I	V	J	T	I	V	R	Z
V	S	O	U	S	I	E	B	Z	E	H	N	S	E	F
S	I	X	N	K	O	A	F	H	I	C	H	D	I	N
E	F	E	L	L	U	N	F	B	F	A	E	I	Z	Ü
C	O	D	R	A	F	Ü	N	F	I	O	Z	D	E	F
H	R	Y	R	S	M	M	A	O	K	B	T	I	H	L
S	C	I	D	R	E	I	E	B	H	I	H	B	N	Ö
L	C	H	B	Q	H	J	Z	B	A	T	C	I	D	W
S	P	B	B	K	G	C	A	E	P	B	A	R	O	Z
J	F	Q	O	D	Z	Q	C	A	D	W	V	Y	J	X
R	P	H	J	C	Y	Z	N	V	J	Z	G	Z	E	E

FÜNF
DEZIMAL
ZEHN
SECHZEHN
SIEBZEHN
ACHTZEHN
ZWEI
ZWÖLF
NEUN
ACHT
VIERZEHN
VIER
FÜNFZEHN
SECHS
SIEBEN
DREIZEHN
DREI
EINS
ZWANZIG
NULL

20 - Física

S	M	O	T	A	S	M	X	V	K	R	N	V	T	U
E	C	O	I	H	Z	F	Z	M	J	S	J	Z	K	N
S	X	H	L	E	K	I	T	R	A	P	W	F	L	I
S	N	P	W	E	Z	T	E	S	E	G	D	J	L	V
A	H	N	A	E	K	A	I	O	T	K	P	W	K	E
M	E	D	Z	N	R	Ü	D	A	H	O	S	J	H	R
J	L	O	E	K	S	K	L	H	C	L	P	F	C	S
L	E	M	R	O	F	I	R	C	I	E	K	R	S	A
O	K	V	V	G	D	M	O	A	D	B	I	A	I	L
H	T	U	E	M	Y	H	F	N	F	T	N	E	M	Q
U	R	T	I	T	Ä	T	I	V	I	T	A	L	E	R
N	O	O	Z	X	N	W	C	Y	N	I	H	K	H	O
Z	N	E	U	Q	E	R	F	M	I	O	C	U	C	T
G	A	S	H	C	B	J	Q	H	U	O	E	N	P	O
M	A	G	N	E	T	I	S	M	U	S	M	K	J	M

ATOM
CHAOS
DICHTE
ELEKTRON
EXPANSION
FORMEL
FREQUENZ
GAS
SCHWERKRAFT
GESETZE
MAGNETISMUS
MASSE
MECHANIK
MOLEKÜL
MOTOR
NUKLEAR
PARTIKEL
CHEMISCH
RELATIVITÄT
UNIVERSAL

21 - Especiarias

F	G	G	N	H	W	S	F	C	Y	V	A	Q	C	G
T	Z	I	M	T	K	K	A	H	L	Z	B	B	K	E
L	A	K	R	I	T	Z	E	F	N	P	I	O	R	S
E	F	R	E	F	F	E	F	P	R	J	Q	T	E	C
B	E	E	T	T	O	M	B	S	P	A	Q	E	U	H
E	N	U	T	H	C	U	A	L	B	O	N	K	Z	M
I	C	A	I	H	R	P	Z	R	A	T	M	B	K	A
W	H	S	B	O	W	V	A	N	I	L	L	E	Ü	C
Z	E	Y	P	Q	C	E	S	C	U	O	T	C	M	K
B	L	J	W	W	T	Z	X	M	N	I	X	I	M	U
M	U	S	K	A	T	N	U	S	S	N	S	Z	E	V
P	A	P	I	W	C	A	G	A	K	G	A	Ü	L	J
T	N	B	I	N	C	U	R	R	Y	W	Z	H	S	E
G	E	M	O	M	A	D	R	A	K	E	H	E	S	S
S	A	L	Z	R	E	D	N	A	I	R	O	K	D	Y

SAFRAN
LAKRITZE
KNOBLAUCH
BITTER
ANIS
SAUER
VANILLE
ZIMT
KARDAMOM
CURRY
ZWIEBEL
KORIANDER
KREUZKÜMMEL
SÜSS
FENCHEL
INGWER
MUSKATNUSS
PFEFFER
GESCHMACK
SALZ

22 - Países #1

K	M	F	N	V	S	V	B	E	O	A	Ä	S	O	H
A	D	A	N	A	K	Y	A	C	C	W	G	P	A	U
M	I	F	R	Y	V	Z	C	U	P	M	Y	A	L	D
B	N	I	F	O	M	A	M	A	N	A	P	N	E	E
O	D	N	J	W	K	V	A	D	N	X	T	I	U	U
D	I	N	J	K	Q	K	R	O	S	O	E	E	Z	T
S	E	L	W	W	S	J	O	R	D	Z	N	N	E	S
C	N	A	J	I	B	R	A	S	I	L	I	E	N	C
H	O	N	C	L	S	I	Q	U	N	L	I	L	E	H
A	P	D	X	A	Y	R	R	H	A	O	A	O	V	L
T	N	X	A	M	W	V	A	A	T	H	U	P	Y	A
N	O	R	W	E	G	E	N	E	K	O	U	M	F	N
N	I	C	A	R	A	G	U	A	L	V	L	L	R	D
S	E	N	E	G	A	L	I	T	A	L	I	E	N	F
E	G	K	F	V	F	R	C	S	Y	I	P	R	T	R

DEUTSCHLAND
BRASILIEN
KAMBODSCHA
KANADA
ÄGYPTEN
ECUADOR
SPANIEN
FINNLAND
IRAK
ISRAEL
ITALIEN
INDIEN
MALI
MAROKKO
NICARAGUA
NORWEGEN
PANAMA
POLEN
SENEGAL
VENEZUELA

23 - Casa

R	E	G	T	S	A	N	R	B	D	W	P	B	S	B
C	P	R	B	X	O	V	Q	F	U	A	Z	E	Q	I
Z	S	H	V	K	W	A	F	K	S	S	D	S	H	B
Q	T	H	C	I	P	P	E	T	C	S	A	E	O	L
C	F	Q	L	Y	V	K	N	M	H	E	C	N	V	I
Z	Z	N	I	M	A	K	S	W	E	R	H	S	E	O
S	P	I	E	G	E	L	T	W	Q	H	B	C	X	T
G	V	M	R	T	L	R	E	A	I	A	O	H	S	H
R	A	O	K	D	R	Z	R	N	E	H	D	L	Y	E
U	E	R	R	W	U	A	H	D	I	N	E	Ü	D	K
B	P	Y	A	H	Y	Y	G	M	K	M	N	S	E	B
Z	A	U	N	G	A	J	I	J	Ü	Ö	A	S	C	M
X	W	K	F	B	E	N	U	T	C	B	R	E	K	Q
Z	I	M	M	E	R	F	G	D	H	E	B	L	E	M
I	R	M	R	B	E	J	W	S	E	L	T	Ü	R	S

BIBLIOTHEK
ZAUN
SCHLÜSSEL
DUSCHE
VORHANG
KÜCHE
SPIEGEL
GARAGE
FENSTER
GARTEN
KAMIN
MÖBEL
WAND
TÜR
ZIMMER
DACHBODEN
TEPPICH
DECKE
WASSERHAHN
BESEN

24 - Vegetais

A	R	T	I	S	C	H	O	C	K	E	E	S	C	T
G	U	R	K	E	T	A	M	O	T	O	M	C	U	V
P	I	L	Z	Z	R	X	E	Q	I	V	M	H	M	V
U	I	O	K	J	L	E	F	F	O	T	R	A	K	G
K	N	O	B	L	A	U	C	H	M	E	P	L	A	M
Z	W	I	E	B	E	L	X	O	W	K	B	O	G	H
R	E	T	T	I	C	H	J	R	A	Y	U	T	O	E
N	T	P	A	I	N	G	W	E	R	Y	L	T	R	C
X	T	S	E	N	I	G	R	E	B	U	A	E	G	P
E	O	I	A	V	I	B	R	O	K	K	O	L	I	M
U	R	J	J	L	T	P	E	I	R	E	L	L	E	S
Y	A	U	X	R	A	Y	S	V	R	Ü	B	E	G	C
B	K	O	E	W	I	T	B	K	Ü	R	B	I	S	H
L	Q	E	I	L	I	S	R	E	T	E	P	S	O	T
P	F	B	B	G	O	M	E	N	Y	U	T	K	Q	H

KÜRBIS
SELLERIE
ARTISCHOCKE
KNOBLAUCH
KARTOFFEL
AUBERGINE
BROKKOLI
ZWIEBEL
KAROTTE
SCHALOTTE
PILZ
ERBSE
SPINAT
INGWER
RÜBE
GURKE
RETTICH
SALAT
PETERSILIE
TOMATE

25 - Balé

I	N	D	H	S	O	F	Ä	H	I	G	K	E	I	T
V	R	H	C	S	I	R	E	L	T	S	N	Ü	K	C
F	L	L	O	V	S	K	C	U	R	D	S	U	A	I
P	U	B	L	I	K	U	M	H	Q	D	N	N	K	X
B	A	L	L	E	R	I	N	A	E	Q	G	Z	S	R
P	T	P	H	F	L	R	I	B	Q	S	E	R	I	A
A	A	U	D	J	K	I	N	H	C	E	T	K	X	R
P	N	I	T	S	I	N	O	P	M	O	K	E	A	H
P	M	T	Ä	T	I	S	N	E	T	N	I	M	R	Y
L	U	P	N	U	M	F	L	M	G	S	Q	W	P	T
A	T	B	Z	A	N	H	L	E	R	A	T	K	A	H
U	I	J	E	S	O	L	O	K	D	N	E	I	F	M
S	G	D	R	O	D	D	U	P	R	O	B	E	L	U
M	U	S	I	K	G	E	S	T	E	C	J	F	I	S
C	H	O	R	E	O	G	R	A	P	H	I	E	T	F

APPLAUS
KÜNSTLERISCH
BALLERINA
KOMPONIST
CHOREOGRAPHIE
TÄNZER
PROBE
STIL
AUSDRUCKSVOLL
GESTE

ANMUTIG
FÄHIGKEIT
INTENSITÄT
MUSIK
ORCHESTER
PRAXIS
PUBLIKUM
RHYTHMUS
SOLO
TECHNIK

26 - Adjetivos #1

S	G	T	A	I	D	E	N	T	I	S	C	H	K	D
O	S	E	B	T	E	D	J	G	R	O	S	S	Ü	U
I	Z	W	H	E	T	S	C	H	W	E	R	U	N	N
D	G	I	S	E	I	R	N	Z	A	V	W	H	S	K
M	G	T	I	U	I	P	A	W	F	G	B	L	T	E
A	I	U	E	F	P	M	B	K	V	W	S	A	L	L
E	R	L	L	D	M	O	N	S	T	G	W	N	E	W
H	L	O	Y	M	U	Y	R	I	T	I	B	G	R	I
R	L	S	M	P	V	O	E	W	S	M	V	S	I	C
L	O	B	S	A	M	Q	D	X	N	V	N	A	S	H
I	V	A	K	U	T	N	O	A	R	Q	O	M	C	T
C	T	Q	X	V	J	I	M	O	E	U	B	L	H	I
H	R	G	I	G	Ü	Z	S	S	O	R	G	R	L	G
P	E	R	F	E	K	T	H	C	S	I	T	O	X	E
R	W	O	D	Ü	N	N	I	U	H	Q	Z	H	K	I

ABSOLUT
AROMATISCH
KÜNSTLERISCH
ATTRAKTIV
RIESIG
DUNKEL
EXOTISCH
DÜNN
GROSSZÜGIG
GROSS
EHRLICH
IDENTISCH
WICHTIG
LANGSAM
GEHEIMNISVOLL
MODERN
PERFEKT
SCHWER
ERNST
WERTVOLL

27 - Paisagens

I	N	Y	Z	E	C	P	H	O	F	J	C	X	H	W
N	A	K	L	U	V	Z	Ü	T	Z	Q	Q	D	V	A
S	S	U	L	F	F	N	G	C	U	E	A	G	F	S
E	T	O	L	K	P	P	E	K	J	N	A	O	R	S
L	Q	R	E	E	M	S	L	Z	D	F	D	N	F	E
Y	T	E	S	F	U	E	F	T	F	F	Y	R	Z	R
H	Z	H	N	L	S	E	D	K	P	W	Q	M	A	F
I	X	C	I	M	Z	C	E	N	V	Ü	T	I	R	A
E	I	S	B	E	R	G	G	N	O	S	G	A	C	L
R	Q	T	L	O	I	R	O	S	A	T	A	U	L	L
N	E	E	A	T	I	E	L	T	S	E	R	X	D	J
H	D	L	H	N	W	B	F	R	E	L	H	Ö	H	C
R	W	G	M	B	U	E	D	A	H	O	D	Q	G	L
U	V	V	Z	K	U	K	D	N	H	B	A	W	B	R
O	S	H	R	B	W	T	X	D	E	M	V	X	H	P

WASSERFALL
HÖHLE
HÜGEL
WÜSTE
GLETSCHER
GOLF
EISBERG
INSEL
SEE
MEER
BERG
OASE
OZEAN
SUMPF
HALBINSEL
STRAND
FLUSS
TUNDRA
TAL
VULKAN

28 - Dança

F	R	E	U	D	I	G	A	K	E	U	Z	H	C	P
H	A	L	T	U	N	G	U	O	Ö	B	C	H	T	A
S	J	Q	O	S	K	I	S	U	M	R	K	Q	E	R
V	K	W	Q	P	U	R	D	Z	G	F	P	G	B	T
G	S	S	V	R	L	D	R	J	U	Y	T	E	O	N
B	S	G	E	I	T	S	U	M	H	T	Y	H	R	E
K	B	X	T	N	U	F	C	Z	N	O	R	A	P	R
A	L	V	E	G	R	L	K	U	A	M	C	V	K	B
C	K	A	L	E	E	N	S	J	F	V	K	Q	P	E
A	F	A	S	N	L	F	V	D	E	U	W	P	F	W
A	X	U	D	S	L	N	O	I	T	O	M	E	A	E
N	K	G	F	E	I	N	L	K	U	L	T	U	R	G
M	R	V	S	T	M	S	L	B	G	D	X	W	Z	U
U	J	I	Y	K	Y	I	C	J	E	K	R	U	I	N
T	E	A	Y	J	W	Z	E	H	K	U	N	S	T	G

AKADEMIE
FREUDIG
KUNST
KLASSISCH
KÖRPER
KULTUR
KULTURELL
EMOTION
PROBE

AUSDRUCKSVOLL
ANMUT
BEWEGUNG
MUSIK
PARTNER
HALTUNG
RHYTHMUS
SPRINGEN

29 - Nutrição

G	L	P	Y	G	V	S	Q	K	I	J	Z	P	G	M
F	M	K	I	E	I	O	F	O	J	I	I	D	Z	B
E	D	U	A	S	T	S	O	H	B	T	R	P	O	I
N	S	Y	P	U	A	S	A	L	R	U	V	Q	A	W
Ä	G	S	B	N	M	E	N	E	I	R	O	L	A	K
H	Q	E	B	D	I	V	P	N	L	T	J	T	G	Y
R	U	N	W	A	N	A	K	H	K	Ä	O	L	C	C
S	A	I	U	I	R	F	H	Y	X	I	E	X	G	D
T	L	E	X	Q	C	J	I	D	X	D	Y	K	I	S
O	I	T	P	H	I	H	I	R	E	T	T	I	B	N
F	T	O	Y	S	U	Z	T	A	K	C	E	Z	V	R
F	Ä	R	N	O	I	T	A	T	N	E	M	R	E	F
M	T	P	N	E	G	O	W	E	G	S	U	A	R	U
F	L	Ü	S	S	I	G	K	E	I	T	E	N	W	T
E	S	Y	M	A	P	P	E	T	I	T	L	S	A	F

BITTER
APPETIT
KALORIEN
KOHLENHYDRATE
ESSBAR
DIÄT
AUSGEWOGEN
FERMENTATION
FLÜSSIGKEITEN
SOSSE
NÄHRSTOFF
GEWICHT
PROTEINE
QUALITÄT
GESUND
TOXIN
VITAMIN

30 - Energia

B	C	E	V	E	Y	D	V	I	W	H	G	X	L	W
N	O	R	T	K	E	L	E	N	I	B	R	U	T	A
W	N	N	L	E	X	G	R	S	M	M	N	P	J	S
I	U	E	E	L	S	B	S	L	O	Y	O	W	U	S
N	K	U	W	E	X	O	C	B	O	N	H	B	J	E
D	L	E	M	K	M	C	H	B	X	D	N	Z	E	R
E	E	R	U	T	M	D	M	A	B	B	F	E	I	S
I	A	B	F	R	B	I	U	T	M	O	T	O	R	T
P	R	A	D	I	E	E	T	T	Z	R	H	L	T	O
O	H	R	W	S	N	S	Z	E	H	S	B	O	S	F
R	B	O	G	C	Z	E	U	R	M	M	H	H	U	F
T	N	J	T	H	I	L	N	I	S	Y	I	H	D	T
N	W	H	V	O	N	N	G	E	O	X	A	K	N	F
E	X	D	M	I	N	H	I	T	Z	E	P	X	I	N
W	I	B	R	E	N	N	S	T	O	F	F	X	F	M

UMWELT
BATTERIE
HITZE
BRENNSTOFF
DIESEL
ELEKTRISCH
ELEKTRON
ENTROPIE
PHOTON
BENZIN
WASSERSTOFF
INDUSTRIE
MOTOR
NUKLEAR
VERSCHMUTZUNG
ERNEUERBAR
SONNE
TURBINE
WIND

31 - Disciplinas Científicas

I	K	L	A	Q	E	B	Ö	S	A	N	W	J	U	H
B	E	I	F	Z	I	E	I	K	E	A	O	N	A	F
B	I	O	L	O	G	I	E	O	O	V	V	B	O	E
Z	G	W	L	E	O	M	I	I	C	L	F	W	C	O
O	O	Y	B	I	L	O	M	M	L	H	O	P	N	O
O	L	E	X	G	O	N	O	M	I	G	E	G	K	V
L	O	K	H	O	I	O	T	U	N	E	I	M	I	S
O	R	P	G	L	S	R	A	N	G	O	M	C	I	E
G	U	G	Q	A	Y	T	N	O	U	L	E	U	O	E
I	E	Q	D	R	H	S	A	L	I	O	H	P	P	F
E	N	G	M	E	P	A	E	O	S	G	C	C	M	B
B	O	T	A	N	I	K	X	G	T	I	T	Z	I	J
N	L	T	Y	I	L	U	P	I	I	E	J	B	R	L
R	V	M	G	M	L	M	C	E	K	C	J	H	O	Z
A	R	C	H	Ä	O	L	O	G	I	E	Y	P	A	D

ANATOMIE
ARCHÄOLOGIE
ASTRONOMIE
BIOLOGIE
BIOCHEMIE
BOTANIK
ÖKOLOGIE
PHYSIOLOGIE
GEOLOGIE
IMMUNOLOGIE
LINGUISTIK
MINERALOGIE
NEUROLOGIE
CHEMIE
ZOOLOGIE

32 - Meditação

G	P	M	E	Y	R	F	I	N	E	N	R	E	L	K
Z	Q	W	I	S	K	F	Y	A	R	E	D	A	I	L
M	N	I	V	T	H	H	C	T	H	D	V	L	W	A
W	P	O	B	V	G	G	C	U	E	E	V	T	V	R
S	T	I	L	L	E	E	K	R	L	I	E	I	P	H
Z	Z	K	P	L	Y	N	F	B	U	R	R	E	E	E
R	G	I	T	S	I	E	G	Ü	Y	F	S	K	R	I
H	N	I	A	T	F	K	M	C	H	X	T	R	S	T
I	U	K	H	V	H	N	S	H	C	L	A	A	P	W
Y	T	I	Z	U	T	A	E	Q	A	R	N	B	E	H
H	L	W	S	U	R	D	D	V	K	N	D	K	K	L
W	A	C	H	M	X	E	K	D	M	X	N	N	T	D
S	H	E	P	F	A	G	G	L	Ü	C	K	A	I	N
A	T	M	U	N	G	A	M	U	S	I	K	D	V	O
E	C	B	E	W	E	G	U	N	G	H	I	I	E	V

ANNAHME
WACH
LERNEN
RUHIG
KLARHEIT
MITGEFÜHL
LEHRE
GLÜCK
DANKBARKEIT
GEISTIG
VERSTAND
BEWEGUNG
MUSIK
NATUR
FRIEDEN
GEDANKEN
PERSPEKTIVE
HALTUNG
ATMUNG
STILLE

33 - Artes Visuais

P	Q	J	W	M	H	Y	P	P	X	R	C	F	S	H
O	R	U	T	K	E	T	I	H	C	R	A	P	C	O
R	X	L	Q	M	E	I	K	R	E	I	D	E	H	L
T	S	Y	C	J	D	R	S	S	B	A	D	S	A	Z
R	E	L	T	S	N	Ü	K	T	F	I	T	S	B	K
Ä	G	V	P	D	Q	A	J	R	E	B	X	X	L	O
T	I	K	C	N	Z	K	J	U	R	R	Y	D	O	H
B	L	E	I	S	T	I	F	T	U	S	W	J	N	L
W	Q	M	L	I	F	F	I	P	C	I	P	E	E	E
L	A	N	I	E	X	E	D	L	Ä	M	E	G	R	Y
A	U	C	S	O	F	N	Y	U	F	O	T	O	I	K
C	P	F	H	W	V	F	N	K	O	L	D	T	O	N
K	F	Z	S	S	H	I	A	S	F	N	T	A	L	V
K	E	R	A	M	I	K	E	T	U	W	X	L	E	W
A	I	E	V	I	T	K	E	P	S	R	E	P	S	D

TON
ARCHITEKTUR
KÜNSTLER
STIFT
HOLZKOHLE
STAFFELEI
WACHS
KERAMIK
SKULPTUR
SCHABLONE
FILM
FOTO
KREIDE
BLEISTIFT
MEISTERWERK
PERSPEKTIVE
GEMÄLDE
PORTRÄT
LACK

34 - Instrumentos Musicais

N	G	C	S	T	U	F	F	Y	K	T	W	F	G	T
L	F	G	C	G	E	Y	A	O	L	L	E	C	O	A
A	L	K	H	F	P	I	G	B	A	I	X	M	X	M
P	Ö	E	L	T	V	X	O	C	R	G	C	O	S	B
O	T	N	A	X	Z	L	T	A	I	R	V	T	K	U
E	E	I	G	N	O	G	T	R	N	M	G	R	Q	R
T	M	L	Z	L	G	F	M	E	E	I	B	O	V	I
B	U	O	E	T	C	I	N	I	T	Y	H	M	A	N
U	A	D	U	Y	V	C	T	V	T	I	F	P	M	O
J	Z	N	G	S	H	U	R	A	E	F	B	E	A	H
G	Q	A	J	D	A	H	H	L	R	X	Y	T	R	P
L	E	M	M	O	R	T	V	K	F	R	S	E	I	O
A	Y	I	M	E	F	N	K	E	H	K	E	S	M	X
G	R	U	G	T	E	N	U	A	S	O	P	P	B	A
K	C	T	P	E	J	Y	O	B	O	E	P	B	A	S

MANDOLINE
BANJO
KLARINETTE
FAGOTT
FLÖTE
GONG
HARFE
MARIMBA
OBOE
TAMBURIN
SCHLAGZEUG
KLAVIER
SAXOPHON
TROMMEL
POSAUNE
TROMPETE
GITARRE
GEIGE
CELLO

35 - Adjetivos #2

J	D	S	B	U	P	X	I	O	H	E	I	N	A	B
V	T	A	T	E	C	H	E	I	S	S	N	B	U	E
R	J	L	C	N	G	J	J	K	Q	V	T	E	T	S
H	B	Z	A	H	Q	A	U	V	N	I	E	R	H	C
C	O	I	J	Q	L	E	B	I	P	T	R	Ü	E	H
T	H	G	E	P	V	U	A	T	O	K	E	H	N	R
I	J	G	N	D	I	C	K	A	M	U	S	M	T	E
T	Y	Z	S	T	A	R	K	E	N	D	S	T	I	I
N	R	L	A	M	R	O	N	R	N	O	A	M	S	B
A	T	O	A	I	U	B	A	K	H	R	N	S	C	E
G	Y	T	C	O	P	V	U	G	U	P	T	H	H	N
E	B	S	I	K	N	A	T	Ü	R	L	I	C	H	D
L	B	G	Y	H	E	C	K	R	O	Q	H	N	D	L
E	S	F	V	U	D	N	U	S	E	G	X	L	P	I
D	P	S	W	S	C	K	D	G	L	R	W	H	E	W

AUTHENTISCH
KREATIV
BESCHREIBEND
BEGABT
ELEGANT
BERÜHMT
STARK
DICK
INTERESSANT
NATÜRLICH

NORMAL
NEU
STOLZ
PRODUKTIV
REIN
HEISS
SALZIG
GESUND
TROCKEN
WILD

36 - Roupas

A	R	M	B	A	N	D	J	D	Z	Y	N	F	H	J
S	A	N	D	A	L	E	N	A	G	U	L	H	A	P
O	M	G	C	O	S	U	W	I	C	S	Z	E	L	U
K	Q	C	Ü	S	O	C	K	E	N	K	A	M	S	L
A	P	Z	X	R	B	M	Y	H	O	H	E	D	K	L
P	E	U	U	F	T	S	E	I	T	F	O	O	E	O
N	H	U	H	C	S	E	Z	R	Ü	H	C	S	T	V
W	G	O	P	P	P	M	L	E	T	N	A	M	T	E
N	E	E	S	N	A	E	J	O	G	X	R	A	E	R
R	X	U	N	E	K	L	E	I	D	U	O	F	D	L
H	A	N	D	S	C	H	U	H	E	M	C	M	C	Q
V	M	Q	Q	U	Y	F	G	O	O	O	K	Y	S	O
R	Q	S	E	L	V	C	H	U	T	D	J	Y	C	H
J	V	O	O	B	B	M	H	J	B	E	R	V	N	T
S	C	H	L	A	F	A	N	Z	U	G	K	M	G	O

SCHÜRZE
BLUSE
HOSE
HEMD
MANTEL
HUT
GÜRTEL
HALSKETTE
JACKE
JEANS
HANDSCHUHE
SOCKEN
MODE
SCHLAFANZUG
ARMBAND
ROCK
SANDALEN
SCHUH
PULLOVER
KLEID

37 - Herbalismo

A	R	O	M	A	T	I	S	C	H	Y	Q	L	B	T
Q	H	C	U	A	L	B	O	N	K	D	J	P	A	H
O	U	O	W	W	E	C	L	T	C	J	W	M	S	Y
G	B	A	H	Z	P	P	F	L	A	N	Z	E	I	M
Z	A	D	L	D	P	N	B	E	M	I	E	M	L	I
U	P	R	U	I	K	K	P	H	H	R	S	U	I	A
T	R	Z	T	A	T	W	A	C	C	A	T	L	K	N
A	C	Q	O	E	S	Ä	M	N	S	M	R	B	U	M
T	B	N	D	L	N	H	T	E	E	S	A	X	M	A
O	R	E	G	A	N	O	O	F	G	O	G	C	L	J
P	E	T	E	R	S	I	L	I	E	R	O	E	O	O
L	A	V	E	N	D	E	L	W	Q	J	N	M	M	R
M	S	A	F	R	A	N	Z	K	A	X	R	Ü	D	A
V	O	R	T	E	I	L	H	A	F	T	E	Y	R	N
J	L	G	B	O	P	M	A	V	O	G	Q	W	H	G

SAFRAN
ROSMARIN
KNOBLAUCH
AROMATISCH
VORTEILHAFT
ESTRAGON
BLUME
FENCHEL
ZUTAT
GARTEN
LAVENDEL
BASILIKUM
MAJORAN
OREGANO
PFLANZE
QUALITÄT
GESCHMACK
PETERSILIE
THYMIAN
GRÜN

38 - Arqueologia

U	I	Z	L	A	G	U	Y	N	K	Z	G	A	U	R
K	S	O	I	H	W	S	G	Q	N	O	R	N	M	E
I	O	O	S	V	N	L	W	E	O	E	A	R	V	L
Q	B	X	S	S	I	H	I	P	C	L	B	R	Y	I
G	R	T	O	B	V	L	M	V	H	D	B	R	E	K
N	E	J	F	D	E	O	I	L	E	P	M	E	T	T
A	H	H	T	F	A	H	C	S	N	N	A	M	R	H
C	C	A	E	Z	R	R	S	R	A	A	K	C	E	X
H	S	N	T	I	Ä	Y	O	E	K	T	J	U	P	K
K	R	A	K	K	M	R	K	E	A	Z	I	V	X	N
O	O	L	E	N	P	N	I	F	Y	Q	S	O	E	B
M	F	Y	J	W	E	I	I	R	V	K	S	P	N	R
M	P	S	B	K	V	N	E	S	S	E	G	R	E	V
E	M	E	O	U	N	B	E	K	A	N	N	T	W	V
A	U	S	W	E	R	T	U	N	G	G	T	W	Z	G

ANALYSE
AUSWERTUNG
ZIVILISATION
NACHKOMME
UNBEKANNT
MANNSCHAFT
ÄRA
EXPERTE
VERGESSEN
FOSSIL
FORSCHER
GEHEIMNIS
OBJEKTE
KNOCHEN
RELIKT
TEMPEL
GRAB

39 - Esporte

A	J	E	J	J	E	J	Q	W	U	B	L	K	X	S
O	U	O	M	A	X	I	M	I	E	R	E	N	R	T
Z	Z	S	G	Z	L	R	E	D	F	G	I	G	C	Ä
T	N	Y	D	G	E	T	D	T	A	N	Z	E	N	R
Y	Y	E	A	A	E	W	I	T	E	U	V	M	E	K
N	T	S	R	P	U	N	Ä	I	I	R	W	M	H	E
X	I	Y	E	A	W	E	T	E	L	H	T	A	C	C
T	E	R	P	M	D	P	R	K	C	Ä	R	R	O	E
R	H	E	R	O	R	F	V	G	C	N	O	G	N	U
T	D	N	Ö	U	W	I	A	I	F	R	P	O	K	O
H	N	I	K	S	J	S	F	H	W	E	S	R	K	M
T	U	A	B	P	G	H	J	Ä	R	X	S	P	A	Q
K	S	R	H	M	S	R	E	F	L	E	K	S	U	M
M	E	T	A	B	O	L	I	S	C	H	N	Y	F	L
J	G	T	D	X	V	M	C	C	N	X	U	M	R	M

ATHLET
FÄHIGKEIT
RADFAHREN
KÖRPER
TANZEN
DIÄT
SPORT
STÄRKE
JOGGEN
MAXIMIEREN
METABOLISCH
MUSKEL
ERNÄHRUNG
ZIEL
KNOCHEN
PROGRAMM
AUSDAUER
GESUNDHEIT
TRAINER

40 - Agronomia

I	L	T	Q	E	L	K	R	A	N	K	H	E	I	T
N	I	F	E	R	Ä	P	F	L	A	N	Z	E	N	T
R	E	A	S	O	N	E	S	P	E	F	K	N	G	G
W	T	H	O	S	D	I	E	R	E	G	N	Ü	D	O
O	A	C	D	I	L	G	V	O	R	G	V	Y	F	Q
R	A	S	W	O	I	R	N	D	S	Z	V	H	R	W
G	S	N	S	N	C	E	M	U	T	S	H	C	A	W
A	J	E	R	E	H	N	P	K	H	N	D	H	N	V
N	N	S	F	C	R	E	V	T	B	C	E	Z	G	T
I	Q	S	W	S	U	M	Y	I	K	U	S	I	C	U
S	I	I	W	B	N	E	D	O	B	C	Ü	R	E	B
C	Z	W	P	O	X	T	T	N	C	W	M	F	O	G
H	Q	V	R	Y	W	S	T	L	Z	L	E	E	E	F
U	M	W	E	L	T	Y	A	F	B	W	G	F	I	I
T	O	U	G	T	Z	S	Ö	K	O	L	O	G	I	E

UMWELT
WASSER
WISSENSCHAFT
WACHSTUM
KRANKHEIT
ÖKOLOGIE
ENERGIE
EROSION
DÜNGER

GEMÜSE
ORGANISCH
FORSCHUNG
PFLANZEN
PRODUKTION
LÄNDLICH
SAAT
SYSTEME
BODEN

41 - Frutas

G	L	J	R	B	Y	X	S	H	R	V	Q	B	R	K
T	K	V	M	Z	M	A	S	Z	U	V	S	I	U	I
A	V	I	P	B	A	N	A	N	E	D	S	R	P	R
O	L	U	W	K	N	L	N	D	F	G	U	N	T	S
D	M	H	B	I	E	K	A	W	H	M	N	E	T	C
A	K	K	E	W	K	K	N	U	I	C	S	A	Y	H
C	V	E	E	T	T	K	A	Z	M	K	O	E	R	E
O	A	R	R	C	A	Q	B	N	B	R	K	M	U	O
V	L	E	E	K	R	K	E	S	E	M	O	U	A	X
A	U	E	G	O	I	W	N	L	E	T	K	J	Y	L
Y	T	B	F	B	N	I	E	L	R	H	R	P	J	F
A	P	M	F	P	E	W	M	A	E	B	U	A	R	T
P	R	O	G	N	A	M	F	E	I	G	E	Q	A	N
A	P	R	I	K	O	S	E	Z	I	T	R	O	N	E
P	E	B	P	F	I	R	S	I	C	H	G	U	Y	M

AVOCADO
ANANAS
BROMBEERE
BEERE
BANANE
KIRSCHE
KOKOSNUSS
APRIKOSE
FEIGE
HIMBEERE
KIWI
ORANGE
ZITRONE
APFEL
PAPAYA
MANGO
NEKTARINE
BIRNE
PFIRSICH
TRAUBE

42 - Corpo Humano

K	U	W	D	N	A	H	R	Q	R	M	U	K	X	K
F	O	X	O	E	A	G	E	H	I	R	N	N	Q	H
H	N	P	J	G	N	S	Q	D	X	C	X	Ö	J	Q
Q	W	A	F	O	O	R	E	F	E	I	K	C	A	Z
H	E	R	Z	B	H	N	I	B	U	O	O	H	U	A
F	R	E	S	L	R	H	N	I	E	B	Z	E	G	U
M	Y	G	H	L	A	G	K	F	H	S	W	L	E	L
I	C	N	Q	E	I	G	J	H	Q	O	O	L	O	D
K	N	I	A	E	S	J	J	V	H	H	M	U	N	D
U	I	F	S	S	P	M	B	U	T	A	K	Z	S	W
S	G	O	Z	H	T	K	I	N	N	L	A	J	H	I
F	A	W	C	U	U	I	H	G	E	S	K	B	X	Z
R	S	J	R	T	A	U	R	E	T	L	U	H	C	S
F	G	Z	R	V	H	X	Q	N	Z	Q	O	A	Q	J
A	R	O	D	I	X	B	L	U	T	K	S	T	M	H

MUND
KOPF
GEHIRN
HERZ
ELLBOGEN
FINGER
KNIE
KIEFER
HAND
NASE

AUGE
SCHULTER
OHR
HAUT
BEIN
HALS
KINN
BLUT
STIRN
KNÖCHEL

43 - Caminhada

F	H	W	N	D	K	C	I	R	S	B	R	N	R	S
Ü	G	E	F	N	U	X	D	C	M	Y	E	E	R	O
H	N	T	E	N	Y	M	H	W	S	M	W	R	Z	N
R	U	T	R	L	B	S	K	G	A	Z	H	H	G	N
E	R	E	W	M	Q	Z	T	N	T	S	C	A	F	E
R	E	R	Z	P	E	P	P	I	L	K	S	F	I	U
W	I	L	D	R	D	N	B	P	E	N	I	E	T	S
T	T	F	Q	K	Ü	G	D	M	B	F	P	G	R	K
H	N	G	R	L	M	J	Z	A	H	K	E	B	U	R
J	E	H	X	I	J	E	E	C	L	G	Y	L	T	A
N	I	I	G	M	L	C	N	K	A	R	T	E	A	P
W	R	R	Y	A	X	L	Z	T	I	E	R	E	N	E
V	O	R	B	E	R	E	I	T	U	N	G	T	F	Q
B	W	Z	B	I	A	E	J	S	E	E	D	H	F	G
O	O	A	K	L	E	D	R	K	W	G	R	W	O	Z

CAMPING
TIERE
WASSER
STIEFEL
MÜDE
KLIMA
FÜHRER
KARTE
BERG
NATUR
ORIENTIERUNG
PARKS
STEINE
KLIPPE
GEFAHREN
SCHWER
VORBEREITUNG
WILD
SONNE
WETTER

44 - Biologia

I	K	W	M	D	U	E	K	Q	B	U	B	A	Q	E
D	V	N	W	L	M	Z	B	N	Q	J	B	M	P	M
D	H	X	O	X	A	L	E	D	A	H	E	L	B	B
S	Ä	U	G	E	T	I	E	R	E	L	L	E	Z	R
K	N	L	N	A	T	Ü	R	L	I	C	H	X	J	Y
P	R	O	T	E	I	N	U	A	M	Y	Z	N	E	O
R	E	P	T	I	L	M	O	S	O	M	O	R	H	C
B	A	K	T	E	R	I	E	N	T	O	U	F	X	O
E	V	O	L	U	T	I	O	N	A	Y	X	G	D	S
W	N	E	U	R	O	N	E	Y	N	G	V	G	P	M
H	O	R	M	O	N	N	E	G	A	L	L	O	K	O
P	H	O	T	O	S	Y	N	T	H	E	S	E	N	S
X	T	M	U	T	A	T	I	O	N	F	A	E	E	E
S	Y	M	B	I	O	S	E	P	R	P	K	I	R	H
S	Y	N	A	P	S	E	U	W	A	E	Y	Y	V	H

ANATOMIE
BAKTERIEN
ZELLE
KOLLAGEN
CHROMOSOM
EMBRYO
ENZYM
EVOLUTION
PHOTOSYNTHESE
HORMON
SÄUGETIER
MUTATION
NATÜRLICH
NERV
NEURON
OSMOSE
PROTEIN
REPTIL
SYMBIOSE
SYNAPSE

45 - Beleza

N	P	L	C	J	C	E	Z	I	Y	N	I	F	K	V
K	W	I	L	O	C	K	E	N	T	H	A	R	F	B
O	I	P	P	V	A	F	Y	E	A	I	K	I	R	J
S	N	P	A	G	J	Z	K	G	H	G	I	B	H	Q
H	L	E	G	E	I	P	S	O	I	E	E	G	I	Q
A	O	N	P	G	A	D	Z	T	S	K	B	L	V	D
M	T	S	I	L	Y	T	S	O	Y	M	S	C	E	U
P	L	T	T	A	L	G	C	F	J	P	E	A	Z	F
O	C	I	U	J	A	G	E	B	R	A	F	T	M	T
O	M	F	A	N	N	K	T	M	O	A	F	J	I	F
X	E	T	H	F	H	T	W	E	R	E	H	C	S	K
P	R	O	D	U	K	T	E	Z	M	A	N	M	U	T
W	I	M	P	E	R	N	T	U	S	C	H	E	M	C
X	B	Ö	L	E	E	L	E	G	A	N	T	C	R	U
U	F	D	I	K	I	P	Y	I	A	T	D	Z	G	Q

LIPPENSTIFT
LOCKEN
CHARME
FARBE
KOSMETIK
ELEGANT
ELEGANZ
SPIEGEL
STYLIST
FOTOGEN
DUFT
ANMUT
ÖLE
HAUT
PRODUKTE
WIMPERNTUSCHE
GLATT
SCHERE
SHAMPOO

46 - Água

B	H	D	M	D	W	F	P	M	A	D	Z	F	G	T
F	E	U	S	P	T	U	L	D	W	Y	H	E	E	R
E	E	W	R	J	L	G	D	U	U	H	E	F	Y	I
U	S	Z	Ä	R	Y	E	H	C	S	U	D	P	S	N
C	B	Z	R	S	I	D	J	T	I	S	L	P	I	K
H	Z	Z	A	F	S	K	N	A	E	Z	O	V	R	B
T	P	V	O	F	M	E	A	W	E	L	L	E	N	A
I	M	I	M	Z	B	D	R	N	K	A	N	A	L	R
G	U	M	V	N	F	F	L	U	P	Z	E	N	J	T
K	T	C	B	U	G	L	B	S	N	V	G	H	P	A
E	F	R	O	S	T	U	B	H	V	G	E	E	Z	V
I	L	U	G	N	U	T	S	N	U	D	R	E	V	I
T	B	A	Z	O	S	C	H	N	E	E	S	B	I	U
X	D	D	T	M	Q	H	A	T	V	Q	D	R	R	U
Q	U	T	W	X	X	K	W	E	Z	W	J	V	A	K

KANAL
REGEN
DUSCHE
VERDUNSTUNG
HURRIKAN
FROST
EIS
GEYSIR
FLUT
BEWÄSSERUNG
SEE
MONSUN
SCHNEE
OZEAN
WELLEN
TRINKBAR
FLUSS
FEUCHTIGKEIT
DAMPF

47 - Filantropia

T	F	A	H	C	S	N	I	E	M	E	G	N	X	N
S	C	N	W	A	P	P	L	A	B	O	L	G	K	Ä
K	Z	Z	A	J	R	S	E	Y	U	G	C	B	K	C
O	O	V	I	Y	L	E	T	N	O	M	S	R	Z	H
E	M	N	F	E	R	E	T	E	D	A	G	A	F	S
H	I	G	T	M	L	T	I	P	Z	E	R	U	I	T
R	S	E	I	A	H	E	M	P	L	E	N	C	N	E
L	S	S	E	B	K	G	M	U	S	E	R	H	A	N
I	I	C	H	D	E	T	Z	R	F	O	G	E	N	L
C	O	H	H	S	L	T	E	G	G	G	V	N	Z	I
H	N	I	C	M	E	N	S	C	H	E	N	D	I	E
K	K	C	S	P	R	O	G	R	A	M	M	E	E	B
E	T	H	N	U	Z	L	K	I	N	D	E	R	R	E
I	Q	T	E	J	U	G	E	N	D	Q	E	C	E	O
T	O	E	M	T	H	H	S	W	B	H	Y	A	N	A

NÄCHSTENLIEBE
GEMEINSCHAFT
KONTAKTE
KINDER
SPENDEN
FINANZIEREN
MITTEL
GLOBAL
GRUPPEN
GESCHICHTE
EHRLICHKEIT
MENSCHHEIT
JUGEND
MISSION
BRAUCHEN
ZIELE
MENSCHEN
PROGRAMME

48 - Ecologia

G	L	O	B	A	L	A	R	T	A	Ü	V	Y	X	T
P	Q	M	S	C	Y	R	N	E	J	B	H	D	X	Y
F	J	G	G	D	J	T	B	N	V	E	G	T	P	H
L	I	R	W	E	N	I	R	A	M	R	U	T	A	N
A	O	G	N	N	M	T	H	M	M	L	D	L	N	O
N	K	L	I	M	A	E	C	F	U	E	G	A	U	I
Z	E	X	G	N	R	R	I	M	A	B	I	F	A	T
E	V	E	N	S	O	B	L	N	R	E	T	L	F	A
N	E	M	G	C	L	E	R	W	S	N	L	E	M	T
M	F	W	O	A	F	R	Ü	H	N	C	A	I	L	E
S	U	M	P	F	O	G	T	D	E	V	H	V	J	G
D	Ü	R	R	E	K	E	A	O	B	N	H	A	S	E
H	C	Y	Y	J	R	E	N	J	E	Y	C	C	F	V
H	Q	K	H	C	G	P	S	T	L	T	A	C	R	T
R	E	S	S	O	U	R	C	E	N	V	N	F	W	G

KLIMA
GEMEINSCHAFT
VIELFALT
ART
FAUNA
FLORA
GLOBAL
LEBENSRAUM
MARINE
BERGE
NATÜRLICH
NATUR
SUMPF
PFLANZEN
RESSOURCEN
DÜRRE
ÜBERLEBEN
NACHHALTIG
VEGETATION

49 - Família

G	U	G	I	W	J	H	V	J	J	W	I	G	N	W
R	H	A	F	R	O	V	E	Q	C	G	R	I	U	R
O	K	C	H	O	E	G	T	I	E	H	D	N	I	K
S	T	K	I	N	D	D	T	X	W	N	Q	E	E	M
S	I	E	U	A	R	F	E	H	E	D	T	F	N	Ü
M	J	T	W	D	J	P	R	B	R	U	D	E	R	T
U	V	Ä	T	E	R	L	I	C	H	T	F	T	E	T
T	P	C	K	X	E	E	H	E	M	A	N	N	T	E
T	K	R	X	P	T	Z	H	S	N	R	L	A	S	R
E	N	I	I	Y	T	N	I	C	H	T	E	T	E	L
R	O	E	N	Q	U	J	L	G	F	N	J	W	W	I
E	N	S	F	D	M	Z	P	E	M	H	Y	E	H	C
T	K	Q	H	F	E	I	M	M	K	Z	D	D	C	H
A	E	Z	O	L	E	R	V	W	B	N	T	B	S	G
V	L	B	D	V	W	T	O	C	H	T	E	R	F	E

VORFAHR
GROSSMUTTER
KIND
KINDER
EHEFRAU
TOCHTER
KINDHEIT
SCHWESTER
BRUDER
EHEMANN
MÜTTERLICH
MUTTER
ENKEL
VATER
VÄTERLICH
VETTER
NICHTE
NEFFE
TANTE
ONKEL

50 - Férias #2

F	B	U	A	L	R	U	C	H	S	Y	W	D	K	Q
R	U	T	U	R	F	T	Y	A	U	B	C	W	L	D
J	R	E	S	E	Q	O	C	B	M	H	M	J	T	A
C	H	A	L	I	X	A	T	T	E	P	N	E	F	U
K	Y	O	Ä	S	I	U	F	O	F	O	I	E	U	Z
J	P	L	N	E	G	R	E	B	S	I	P	N	E	I
E	H	L	D	T	R	A	N	S	P	O	R	T	G	E
E	V	T	E	F	R	E	I	Z	E	I	T	L	D	L
R	C	X	R	T	F	L	U	G	H	A	F	E	N	E
I	N	S	E	L	O	M	E	E	R	G	Z	Z	A	K
J	V	E	W	F	M	H	Q	H	E	X	Q	N	R	Z
R	E	S	T	A	U	R	A	N	T	N	X	I	T	B
M	P	W	P	A	S	S	S	L	R	D	H	A	S	H
A	D	O	L	D	I	S	H	C	A	R	B	D	P	I
K	Z	U	E	Z	V	E	T	P	K	T	M	Y	H	Y

CAMPING
FLUGHAFEN
ZIEL
AUSLÄNDER
URLAUB
FOTOS
HOTEL
INSEL
FREIZEIT
KARTE
MEER
BERGE
PASS
STRAND
RESTAURANT
TAXI
ZELT
TRANSPORT
REISE
VISUM

51 - Edifícios

K	E	U	U	C	S	S	O	L	H	C	S	G	R	H
L	M	U	I	R	O	T	A	V	R	E	S	B	O	P
T	Y	S	S	A	E	G	A	R	A	G	G	G	T	I
A	T	U	R	M	T	T	X	D	C	Y	D	T	S	B
C	P	E	F	C	K	S	D	K	I	R	B	A	F	A
O	L	A	N	E	L	U	H	C	S	O	E	H	C	U
Z	Y	F	R	E	T	A	E	H	T	A	N	O	H	E
E	F	H	O	T	V	H	Q	M	F	H	U	T	H	R
L	B	G	B	L	M	N	O	O	A	M	E	E	U	N
T	U	V	A	M	H	E	F	I	H	U	H	L	D	H
P	C	D	L	T	A	K	N	M	C	S	C	T	K	O
H	V	E	C	I	E	N	M	T	S	E	S	C	A	F
S	U	P	E	R	M	A	R	K	T	U	Q	R	E	Y
Z	T	P	H	L	I	R	X	Z	O	M	T	L	K	W
P	Z	S	O	N	I	K	Q	T	B	Y	A	L	U	I

APARTMENT
SCHLOSS
SCHEUNE
KINO
BOTSCHAFT
SCHULE
STADION
BAUERNHOF
FABRIK
GARAGE
KRANKENHAUS
HOTEL
LABOR
MUSEUM
OBSERVATORIUM
SUPERMARKT
THEATER
ZELT
TURM

52 - Xadrez

L	E	R	N	E	N	L	E	G	E	R	C	K	D	X
P	A	S	S	I	V	X	K	D	U	V	Z	Ö	I	L
U	C	A	W	E	I	S	S	Z	Z	O	R	N	A	N
S	U	W	F	I	H	G	I	N	Ö	K	A	I	G	O
O	T	B	R	E	W	E	B	T	T	E	W	G	O	T
H	P	R	L	C	X	G	S	H	A	U	H	I	N	H
U	A	F	A	K	M	N	A	P	T	H	C	N	A	E
R	L	Y	E	T	I	E	Z	Q	I	P	S	C	L	Z
N	O	N	T	R	E	R	Q	Y	T	E	V	H	S	I
D	Z	H	K	E	I	G	M	N	F	J	L	A	P	X
I	Q	X	N	I	S	A	I	G	I	R	M	M	I	X
N	Z	L	U	N	D	L	B	E	M	M	H	P	E	L
D	T	R	P	R	O	R	N	H	U	X	F	I	L	G
U	S	H	B	U	A	G	B	P	V	V	O	O	E	H
C	J	D	I	T	H	T	G	Q	K	V	M	N	R	C

LERNEN
WEISS
CHAMPION
WETTBEWERB
DIAGONAL
STRATEGIE
SPIELER
SPIEL
GEGNER
PASSIV
PUNKTE
SCHWARZ
KÖNIGIN
REGELN
KÖNIG
OPFER
ZEIT
TURNIER

53 - Aventura

S	N	A	T	U	R	D	F	F	C	F	Z	P	I	G
S	C	N	G	C	L	U	R	R	U	H	Q	U	G	N
I	A	H	A	X	X	X	G	E	W	V	A	L	Y	U
C	K	W	W	V	F	Z	H	U	S	Q	Q	N	H	T
H	T	C	X	I	I	W	K	N	F	T	G	L	C	I
E	I	N	E	U	E	G	B	D	R	C	U	C	I	E
R	V	C	H	W	D	R	A	E	P	Y	O	I	L	R
H	I	O	W	C	U	C	I	T	Q	I	X	T	R	E
E	T	L	X	R	E	W	C	G	I	U	Z	U	H	B
I	Ä	J	Y	W	R	M	O	N	K	O	T	X	Ä	R
T	T	G	U	L	F	S	U	A	L	E	N	U	F	O
R	O	U	T	E	G	D	T	T	T	D	I	T	E	V
G	E	L	E	G	E	N	H	E	I	T	J	T	G	E
E	H	L	T	D	C	M	Z	I	E	L	A	X	A	R
B	E	G	E	I	S	T	E	R	U	N	G	G	S	J

FREUDE
FREUNDE
AKTIVITÄT
CHANCE
ZIEL
SCHWIERIGKEIT
BEGEISTERUNG
AUSFLUG
ROUTE
NATUR
NAVIGATION
NEU
GELEGENHEIT
GEFÄHRLICH
VORBEREITUNG
SICHERHEIT

54 - Cidade

L	T	U	H	O	T	E	L	F	B	M	K	E	D	L
H	W	X	K	N	H	K	E	L	Ä	B	A	R	G	U
T	X	L	W	I	Z	E	Z	U	C	A	B	R	V	H
Ä	W	V	Y	K	T	H	G	G	K	N	L	S	K	S
T	G	B	D	B	F	T	N	H	E	K	U	U	B	T
I	F	N	Q	O	I	O	U	A	R	I	M	P	I	N
S	A	E	B	L	Z	P	L	F	E	L	E	E	B	A
R	T	H	U	R	O	A	D	E	I	U	N	R	L	R
E	J	A	Y	F	O	W	N	N	N	C	H	M	I	U
V	B	L	D	Z	E	F	A	M	O	F	Ä	A	O	A
I	R	S	X	I	S	C	H	U	L	E	N	R	T	T
N	P	Q	V	P	O	J	H	E	A	L	D	K	H	S
U	I	Z	T	B	E	N	C	S	S	D	L	T	E	E
T	H	E	A	T	E	R	U	U	Y	U	E	U	K	R
G	A	L	E	R	I	E	B	M	T	K	R	L	E	R

FLUGHAFEN
BANK
BIBLIOTHEK
KINO
SCHULE
STADION
APOTHEKE
BLUMENHÄNDLER
GALERIE
HOTEL
ZOO
BUCHHANDLUNG
MARKT
MUSEUM
BÄCKEREI
RESTAURANT
SALON
SUPERMARKT
THEATER
UNIVERSITÄT

55 - Música

Q	L	U	I	H	R	L	T	E	M	P	O	S	B	M
T	Y	W	Z	A	E	H	Y	J	B	T	V	I	A	I
L	U	X	Q	R	K	O	Y	R	O	H	C	N	L	K
S	K	F	K	M	I	L	W	T	I	U	E	G	L	R
G	M	S	M	O	S	F	Z	V	H	S	C	E	A	O
L	Q	F	V	N	U	F	U	F	G	M	C	N	D	F
P	I	K	D	I	M	Y	I	N	M	G	U	H	E	O
X	O	R	L	E	I	D	O	L	E	M	D	S	O	N
Y	N	E	R	E	I	S	I	V	O	R	P	M	I	M
G	E	G	T	I	N	S	T	R	U	M	E	N	T	U
B	A	N	D	I	D	D	T	I	Q	G	X	Q	Q	S
S	A	Ä	B	H	S	A	V	O	P	E	R	R	X	I
R	K	S	S	P	H	C	S	I	S	S	A	L	K	C
A	L	B	U	M	E	M	H	A	N	F	U	A	K	A
Q	P	R	H	Y	T	H	M	I	S	C	H	G	N	L

ALBUM
BALLADE
SINGEN
SÄNGER
KLASSISCH
CHOR
AUFNAHME
HARMONIE
IMPROVISIEREN
INSTRUMENT
LYRISCH
MELODIE
MIKROFON
MUSICAL
MUSIKER
OPER
POETISCH
RHYTHMUS
RHYTHMISCH
TEMPO

56 - Matemática

S	O	W	F	N	A	W	Q	B	T	D	M	D	P	B
Y	Q	K	T	B	G	R	I	B	C	L	U	R	O	R
M	G	N	A	F	M	U	I	N	Y	S	I	E	L	U
M	E	S	R	R	C	R	K	T	K	F	B	I	Y	C
E	O	E	D	A	P	M	C	E	H	E	M	E	G	H
T	M	K	A	D	I	S	O	X	I	M	L	C	O	T
R	E	B	U	I	U	U	A	J	D	Z	E	K	N	E
I	T	Z	Q	U	N	M	U	T	H	A	N	T	T	I
E	R	G	A	S	S	M	J	I	H	P	M	B	I	L
R	I	V	T	H	C	E	R	K	N	E	S	G	B	K
R	E	A	O	B	L	R	E	C	H	T	E	C	K	D
C	M	P	E	B	N	E	P	A	R	A	L	L	E	L
S	P	X	B	V	E	G	N	U	H	C	I	E	L	G
D	U	R	C	H	M	E	S	S	E	R	B	T	Z	Q
E	X	P	O	N	E	N	T	D	E	Z	I	M	A	L

ARITHMETIK
WINKEL
UMFANG
DEZIMAL
DURCHMESSER
GLEICHUNG
EXPONENT
BRUCHTEIL
GEOMETRIE
ZAHLEN
PARALLEL
SENKRECHT
POLYGON
QUADRAT
RADIUS
RECHTECK
SYMMETRIE
SUMME
DREIECK

57 - Saúde e Bem Estar #1

F	A	Q	L	P	A	N	W	E	Q	E	B	H	J	M
M	R	R	H	K	H	K	P	A	E	N	E	O	O	E
O	U	E	Z	V	Ö	S	T	R	N	T	H	R	I	D
M	T	K	F	T	H	X	U	I	N	S	A	M	L	I
I	K	E	X	L	E	T	C	N	V	P	N	O	C	Z
W	A	H	K	T	E	B	F	D	A	A	D	N	A	I
V	R	T	I	I	O	X	N	J	T	N	L	E	Z	N
O	F	O	N	E	R	V	E	N	H	N	U	B	U	E
Y	Z	P	I	H	E	P	I	W	E	U	N	B	V	H
V	B	A	L	N	G	E	R	W	R	N	G	D	S	C
D	A	C	K	H	N	N	E	K	A	G	W	A	G	O
F	O	C	U	O	U	B	T	R	P	V	H	R	Y	N
R	D	D	I	W	H	A	K	G	I	I	A	F	I	K
P	K	I	Z	E	P	K	A	I	E	S	U	R	I	V
T	N	A	Q	G	C	B	B	G	N	U	T	L	A	H

HÖHE
AKTIV
BAKTERIEN
KLINIK
ARZT
APOTHEKE
HUNGER
FRAKTUR
GEWOHNHEIT
HORMONE
MEDIZIN
NERVEN
KNOCHEN
HAUT
HALTUNG
REFLEX
ENTSPANNUNG
THERAPIE
BEHANDLUNG
VIRUS

58 - Imigração

G	A	T	S	I	R	F	P	A	J	O	X	Q	G	K
E	B	S	C	E	N	E	S	H	C	A	W	R	E	O
N	B	F	H	F	A	F	V	V	O	K	B	C	H	M
E	G	N	U	R	E	I	Z	N	A	N	I	F	Ä	M
H	K	E	T	G	O	S	D	D	S	E	H	Q	U	U
M	I	Z	Z	N	F	I	S	Z	E	G	I	J	S	N
I	N	N	T	U	F	T	S	E	S	N	L	B	E	I
G	D	E	E	L	I	U	G	K	R	U	F	T	R	K
U	E	R	S	D	Z	A	N	C	F	T	E	X	B	A
N	R	G	E	N	I	T	U	A	P	L	S	V	W	T
G	I	E	G	A	E	I	S	P	R	A	C	H	E	I
O	S	U	L	H	R	O	Ö	V	V	W	V	R	F	O
B	T	P	S	R	U	N	L	J	I	R	E	I	V	N
P	R	O	Z	E	S	S	Q	A	J	E	B	L	H	P
P	W	K	R	V	A	Y	U	V	Y	V	N	J	F	H

VERWALTUNG
ERWACHSENE
HILFE
GENEHMIGUNG
KOMMUNIKATION
KINDER
STRESS
FINANZIERUNG
GRENZEN
GEHÄUSE
GESETZ
SPRACHE
VERHANDLUNG
OFFIZIER
FRIST
PROZESS
SCHUTZ
SITUATION
LÖSUNG

59 - Natureza

G	L	E	T	S	C	H	E	R	Y	V	F	I	I	N
W	O	T	R	P	X	A	M	J	S	V	H	H	L	O
O	R	S	H	E	S	S	U	L	F	T	C	C	W	Z
L	D	Ü	R	V	I	F	T	E	R	O	S	I	O	N
K	F	W	W	U	T	T	G	A	I	C	I	L	L	D
E	B	L	F	X	K	B	I	Y	L	R	P	D	S	Y
N	G	I	S	Q	R	U	L	A	E	E	O	E	C	N
M	P	K	E	O	A	H	I	A	U	J	R	I	H	A
V	W	O	R	N	R	A	E	Q	M	Z	T	R	U	M
W	I	R	V	D	E	R	H	I	M	W	M	F	T	I
B	L	L	A	U	B	N	L	Y	T	C	D	I	Z	S
Z	D	I	R	W	W	A	L	D	E	E	S	E	L	C
N	E	B	E	L	O	T	U	W	Z	N	R	E	P	H
Y	L	S	C	H	Ö	N	H	E	I	T	C	Q	F	O
L	E	B	E	N	S	W	I	C	H	T	I	G	Z	N

BIENEN
SCHUTZ
TIERE
ARKTIS
SCHÖNHEIT
WÜSTE
DYNAMISCH
EROSION
WALD
LAUB

GLETSCHER
NEBEL
WOLKEN
FRIEDLICH
FLUSS
HEILIGTUM
WILD
HEITER
TROPISCH
LEBENSWICHTIG

60 - A Empresa

E	V	Q	I	N	V	E	S	T	I	T	I	O	N	B
Q	N	F	U	R	G	E	S	C	H	Ä	F	T	P	E
R	E	T	H	A	N	M	F	X	L	Q	Y	D	R	S
I	M	K	S	J	L	C	H	K	T	G	Q	W	O	C
S	H	U	R	C	V	I	T	A	E	R	K	Z	F	H
I	A	D	E	E	H	T	T	Y	O	I	F	I	E	Ä
K	N	O	S	H	L	E	V	Ä	S	N	N	N	S	F
E	N	R	S	C	N	C	I	L	T	I	C	D	S	T
N	I	P	O	C	C	A	T	D	U	J	I	U	I	I
Z	E	Y	U	Y	T	E	A	T	U	P	O	S	O	G
U	X	Y	R	E	T	K	V	I	C	N	G	T	N	U
V	G	X	C	L	A	B	O	L	G	S	G	R	E	N
U	R	O	E	Q	T	X	N	X	V	W	D	I	L	G
J	U	Y	N	O	U	V	N	B	M	E	G	E	L	B
D	T	I	E	K	H	C	I	L	G	Ö	M	P	G	W

KREATIV
ENTSCHEIDUNG
BESCHÄFTIGUNG
GLOBAL
INDUSTRIE
INNOVATIV
INVESTITION
GESCHÄFT

MÖGLICHKEIT
PRODUKT
PROFESSIONELL
QUALITÄT
EINNAHMEN
RESSOURCEN
RUF
RISIKEN

61 - Doença

D	F	V	Z	T	J	L	S	A	I	S	Q	U	F	C
P	G	N	U	L	I	E	H	T	M	C	H	D	Z	L
E	U	E	F	U	S	W	B	E	M	H	S	N	O	H
R	A	L	S	A	A	U	P	M	U	W	H	E	R	Z
B	B	S	M	U	F	I	E	W	N	A	S	K	E	A
L	D	X	L	O	N	X	W	E	I	C	Y	C	P	L
I	O	F	B	V	N	D	I	G	T	H	N	E	R	L
C	M	V	T	I	I	A	H	E	Ä	O	D	T	Ö	E
H	I	Z	D	P	M	X	L	E	T	C	R	S	K	R
H	N	E	H	C	O	N	K	K	I	U	O	N	W	G
M	A	T	H	E	R	A	P	I	E	T	M	A	V	I
V	L	C	H	R	O	N	I	S	C	H	U	I	G	E
G	E	N	E	T	I	S	C	H	R	O	X	K	B	N
N	E	U	R	O	P	A	T	H	I	E	F	I	A	Q
H	B	S	E	N	T	Z	Ü	N	D	U	N	G	H	K

ABDOMINAL
AKUT
ALLERGIEN
ANSTECKEND
HERZ
KÖRPER
CHRONISCH
HEILUNG
SCHWACH
GENETISCH
ERBLICH
IMMUNITÄT
ENTZÜNDUNG
NEUROPATHIE
KNOCHEN
PULMONAL
ATEMWEGE
GESUNDHEIT
SYNDROM
THERAPIE

62 - Aviões

A	G	Z	P	M	J	P	H	Q	D	U	L	R	W	P
E	T	B	J	I	Q	C	R	E	W	G	A	I	A	A
S	F	M	N	Z	L	M	O	K	U	A	N	C	S	S
G	U	F	O	F	D	O	S	J	D	L	D	H	S	S
E	L	V	L	S	U	L	T	M	K	W	U	T	E	A
I	J	Y	L	N	P	D	K	R	O	E	N	U	R	G
T	T	Z	A	H	G	H	T	V	F	T	G	N	S	I
S	I	P	B	C	J	W	Ä	S	M	H	O	G	T	E
B	H	O	L	L	V	R	Y	R	E	I	L	R	O	R
A	B	E	N	T	E	U	E	R	E	M	A	F	F	D
G	E	S	C	H	I	C	H	T	E	M	K	V	F	Z
B	R	E	N	N	S	T	O	F	F	E	H	Ö	H	N
N	A	V	I	G	I	E	R	E	N	L	D	V	K	U
K	O	N	S	T	R	U	K	T	I	O	N	O	U	V
A	U	F	B	L	A	S	E	N	R	U	R	Y	L	P

HÖHE
LUFT
LANDUNG
ATMOSPHÄRE
ABENTEUER
BALLON
HIMMEL
BRENNSTOFF
KONSTRUKTION
ABSTIEG
RICHTUNG
WASSERSTOFF
GESCHICHTE
AUFBLASEN
MOTOR
NAVIGIEREN
PASSAGIER
PILOT
CREW

63 - Tipos de Cabelo

G	W	N	V	X	N	R	E	B	L	I	S	T	X	L
L	N	W	S	C	H	W	A	R	Z	A	U	B	S	V
Ä	G	E	F	L	O	C	H	T	E	N	N	N	Ü	D
N	A	V	L	Z	C	F	D	N	U	S	E	G	B	U
Z	Q	Z	Z	O	D	N	I	K	H	S	K	I	G	W
E	S	R	Q	U	C	E	O	T	I	I	C	B	F	E
N	Z	Ö	P	F	E	K	S	O	P	E	O	R	D	L
D	R	B	M	G	W	C	I	G	O	W	L	A	I	L
O	B	M	T	R	G	O	F	G	O	H	R	F	C	I
A	R	B	X	A	W	R	V	C	A	C	C	D	K	G
M	A	S	C	U	I	T	K	F	P	B	D	U	N	B
D	U	H	K	C	K	B	L	O	N	D	S	J	U	Q
W	N	Q	N	I	R	A	N	C	I	E	N	M	M	U
O	O	D	P	G	C	C	H	C	I	E	W	K	K	J
K	I	C	K	M	H	Q	L	L	C	S	C	Q	M	N

WEISS
GLÄNZEND
LOCKEN
KAHL
GRAU
FARBIG
LOCKIG
DÜNN
DICK
BLOND
LANG
BRAUN
WELLIG
SILBER
SCHWARZ
GESUND
TROCKEN
WEICH
GEFLOCHTEN
ZÖPFE

64 - Formas

E	I	N	I	L	H	F	U	K	F	Y	W	E	E	R
A	C	A	V	T	H	E	X	E	S	P	I	L	L	E
M	P	K	W	F	P	D	G	G	H	Q	X	Z	P	C
U	R	N	E	Y	P	H	F	E	D	J	O	N	O	H
W	J	C	U	C	H	U	E	L	E	G	U	K	L	T
Ü	U	F	U	P	U	X	J	V	A	M	G	N	Y	E
R	E	D	N	I	L	Y	Z	C	S	Q	L	V	G	C
F	Q	I	K	D	O	C	K	R	E	I	S	Q	O	K
E	P	Y	R	A	M	I	D	E	V	R	U	K	N	U
L	E	B	R	E	P	Y	H	T	A	R	D	A	U	Q
A	D	R	E	I	E	C	K	I	Z	Y	E	M	L	M
V	T	A	W	C	Z	K	N	E	G	O	B	S	J	N
O	F	Z	T	I	S	S	N	S	R	N	H	I	F	H
E	C	L	O	W	T	S	S	H	C	Q	Z	R	S	B
I	N	U	Q	C	X	W	F	I	D	Q	U	P	F	U

BOGEN
ECKE
ZYLINDER
KREIS
KEGEL
WÜRFEL
KURVE
ELLIPSE
KUGEL
HYPERBEL
SEITE
LINIE
OVAL
PYRAMIDE
POLYGON
PRISMA
QUADRAT
RECHTECK
DREIECK

65 - Criatividade

I	D	K	Ü	N	S	T	L	E	R	I	S	C	H	N
N	S	R	P	H	N	F	Ä	H	I	G	K	E	I	T
S	P	E	A	I	N	T	E	N	S	I	T	Ä	T	G
P	O	H	E	M	Z	K	L	A	R	H	E	I	T	I
I	N	N	R	O	A	V	I	T	A	L	I	T	Ä	T
R	T	P	F	X	P	T	V	I	S	I	O	N	E	N
A	A	T	I	E	K	G	I	S	S	Ü	L	F	S	U
T	N	P	N	O	I	T	A	S	N	E	S	X	K	W
I	J	P	D	P	I	F	T	T	C	U	E	L	S	L
O	X	Y	E	L	H	Ü	F	E	G	H	E	C	O	L
N	O	U	R	Y	L	T	A	U	S	D	R	U	C	K
J	N	O	I	T	I	U	T	N	I	B	B	Y	J	M
N	I	E	S	G	M	Y	U	K	Q	L	I	R	N	P
K	Q	K	C	U	R	D	N	I	E	L	D	L	Y	Z
Q	J	E	H	P	H	A	N	T	A	S	I	E	D	T

KÜNSTLERISCH
KLARHEIT
DRAMATISCH
SPONTAN
AUSDRUCK
FLÜSSIGKEIT
FÄHIGKEIT
BILD
PHANTASIE

EINDRUCK
INSPIRATION
INTENSITÄT
INTUITION
ERFINDERISCH
SENSATION
GEFÜHLE
VISIONEN
VITALITÄT

66 - Dias e Meses

J	S	Y	A	D	I	Y	S	B	I	M	B	N	B	H
U	G	A	T	S	R	E	N	N	O	D	O	P	X	X
L	U	R	M	I	V	A	X	Z	F	X	J	N	G	F
I	X	E	F	S	J	F	E	B	R	U	A	R	A	T
R	E	B	M	E	T	P	E	S	E	J	K	A	T	T
T	B	M	F	T	S	A	U	V	B	K	A	U	N	N
J	K	E	R	N	U	S	G	J	O	L	L	N	N	H
W	J	Z	E	Y	G	H	X	H	T	D	E	A	O	S
U	U	E	I	B	U	Y	P	T	K	I	N	J	S	F
P	N	D	T	A	A	E	H	C	O	W	D	B	Q	M
A	I	K	A	Y	M	A	L	H	W	F	E	M	P	O
I	P	H	G	A	T	S	N	E	I	D	R	P	U	N
N	C	R	H	A	J	N	O	V	E	M	B	E	R	T
K	X	C	I	Q	I	G	V	R	Q	V	N	T	Y	A
E	L	A	L	L	S	B	U	E	W	Z	Q	I	J	G

APRIL
AUGUST
JAHR
KALENDER
DEZEMBER
SONNTAG
FEBRUAR
JANUAR
JULI
JUNI

MONAT
NOVEMBER
OKTOBER
DONNERSTAG
SAMSTAG
MONTAG
WOCHE
SEPTEMBER
FREITAG
DIENSTAG

67 - Saúde e Bem Estar #2

E	G	E	E	T	I	T	E	P	P	A	E	S	V	H
E	V	J	N	H	N	I	M	A	T	I	V	T	E	I
E	K	C	E	C	F	N	G	G	W	I	Y	I	R	B
E	I	T	R	I	E	N	E	I	G	Y	H	M	D	M
G	T	K	G	W	K	U	Z	I	C	Z	G	M	A	D
A	E	L	I	E	T	Ä	I	D	G	G	K	U	U	E
S	N	S	E	G	I	S	Y	O	S	R	G	N	U	I
S	E	I	U	Y	O	V	M	P	C	E	E	G	N	R
A	G	F	Z	N	N	J	R	W	N	P	I	L	G	O
M	K	D	K	C	D	Z	M	Q	H	R	M	F	L	L
K	R	A	N	K	H	E	I	T	Q	Ö	O	C	K	A
R	E	C	O	V	E	R	Y	N	W	K	T	U	E	K
K	R	A	N	K	E	N	H	A	U	S	A	K	B	M
B	D	Q	U	B	L	U	T	C	W	L	N	B	K	V
V	L	W	H	A	S	F	N	J	M	H	A	L	Y	R

ALLERGIE
ANATOMIE
APPETIT
KALORIE
KÖRPER
DIÄT
VERDAUUNG
KRANKHEIT
ENERGIE
GENETIK
HYGIENE
KRANKENHAUS
STIMMUNG
INFEKTION
MASSAGE
GEWICHT
RECOVERY
BLUT
GESUND
VITAMIN

68 - Geografia

H	N	P	I	M	E	R	I	D	I	A	N	Z	W	J
L	E	S	J	N	A	E	Z	O	N	O	R	D	E	N
R	D	M	X	J	S	A	L	T	A	E	E	R	L	Q
K	Ü	P	I	O	X	E	T	F	U	Y	E	F	A	O
W	S	B	A	S	X	H	L	L	X	X	M	K	N	U
B	A	I	E	M	P	Ö	E	U	H	D	S	W	D	P
D	N	M	T	R	V	H	W	S	R	E	G	I	O	N
I	D	E	R	K	G	I	Ä	S	Q	T	A	Q	X	I
A	U	F	A	J	L	Z	J	R	Y	I	H	U	C	D
X	D	V	K	J	M	Z	L	M	E	E	V	M	D	H
G	E	B	I	E	T	Z	A	L	J	R	W	X	W	K
U	F	F	T	H	B	F	T	G	E	B	B	H	E	H
Q	E	J	W	F	N	D	U	E	H	Q	B	X	S	V
E	O	F	A	C	W	O	U	J	A	U	O	A	T	Z
N	V	S	T	A	D	T	N	E	N	I	T	N	O	K

HÖHE
ATLAS
STADT
KONTINENT
HEMISPHÄRE
INSEL
BREITE
KARTE
MEER
MERIDIAN
BERG
WELT
NORDEN
OZEAN
WEST
LAND
REGION
FLUSS
SÜDEN
GEBIET

69 - Antártica

P	Y	E	X	P	E	D	I	T	I	O	N	Y	N	A
M	I	G	R	A	T	I	O	N	Y	O	W	I	W	G
K	O	N	T	I	N	E	N	T	I	D	T	W	F	C
U	Y	D	E	L	R	L	P	H	N	C	A	E	R	U
Q	Q	U	I	Z	E	A	D	C	S	I	G	G	U	S
Z	L	J	H	L	H	W	F	U	E	N	K	A	T	N
P	C	L	P	R	C	K	M	B	L	A	Y	M	A	E
X	I	S	A	K	S	O	J	U	N	G	I	L	R	I
P	R	N	R	N	R	H	A	L	B	I	N	S	E	L
E	I	S	G	G	O	E	A	N	I	S	A	A	P	A
G	Q	K	O	U	F	D	S	C	A	L	H	D	M	R
S	S	M	E	A	I	E	Q	S	O	E	Y	K	E	E
N	R	T	G	K	J	N	L	R	A	F	J	P	T	N
G	C	O	P	W	X	V	E	L	T	W	T	Y	M	I
K	F	Q	G	L	E	T	S	C	H	E	R	N	X	M

UMWELT
WASSER
BUCHT
WALE
KONTINENT
EXPEDITION
GLETSCHER
EIS
GEOGRAPHIE
INSELN
FORSCHER
MIGRATION
MINERALIEN
HALBINSEL
PINGUINE
FELSIG
TEMPERATUR

70 - Flores

Q	K	K	A	F	I	M	U	I	R	F	J	C	K	O
F	A	L	R	H	S	O	A	C	A	N	A	L	I	L
O	K	E	P	J	O	H	C	H	Y	L	I	L	I	E
S	R	E	C	P	A	N	Q	M	W	N	R	E	H	M
O	Z	C	N	Z	F	S	L	I	X	S	E	D	G	M
N	J	F	H	Q	F	I	M	V	O	S	M	N	A	A
N	P	I	A	I	F	V	N	I	G	U	U	E	R	G
E	D	Z	Z	V	D	L	H	G	N	A	L	V	D	N
N	Q	D	N	G	Y	E	Y	C	S	R	P	A	E	O
B	M	X	E	U	E	D	E	F	S	T	U	L	N	L
L	K	I	W	O	I	G	V	N	C	S	R	I	I	I
U	Q	X	Ö	T	U	L	P	E	L	K	K	O	E	E
M	U	O	L	G	I	T	L	E	D	V	C	Q	S	S
E	B	L	Ü	T	E	N	B	L	A	T	T	U	T	E
R	O	S	E	P	W	B	H	I	B	I	S	K	U	S

STRAUSS
LÖWENZAHN
GARDENIE
SONNENBLUME
HIBISKUS
JASMIN
LAVENDEL
LILA
LILIE
MAGNOLIE
ORCHIDEE
MOHN
PFINGSTROSE
BLÜTENBLATT
PLUMERIA
ROSE
KLEE
TULPE

71 - Fazenda #1

H	K	W	V	E	W	M	F	H	I	H	K	A	C	F
O	A	V	W	G	M	X	X	N	I	E	W	H	C	S
N	R	E	I	S	P	C	J	H	R	U	R	Z	C	G
I	E	D	R	E	H	H	B	U	C	V	Q	H	W	C
G	S	E	K	N	I	O	U	H	Z	G	F	I	W	M
B	E	Z	M	E	R	E	G	N	Ü	D	R	E	F	P
U	L	T	B	I	E	N	Y	T	D	K	F	G	R	Z
N	B	A	B	B	S	Z	J	Y	H	R	E	Q	N	I
K	R	K	K	X	S	X	A	F	A	Ä	L	O	T	E
L	A	N	D	B	A	T	U	U	F	H	D	J	O	G
K	I	R	K	L	W	M	X	S	N	E	F	E	H	E
J	D	H	U	X	Q	Z	I	R	L	K	N	G	M	J
G	C	K	H	H	O	J	O	O	S	B	D	S	G	Z
Z	T	D	V	K	C	T	V	N	S	I	Z	Q	I	P
W	V	D	F	S	V	A	J	Y	G	U	V	P	K	X

BIENE
REIS
WASSER
KALB
ESEL
ZIEGE
FELD
PFERD
HUND
ZAUN

KRÄHE
HEU
DÜNGER
HUHN
KATZE
HONIG
SCHWEIN
HERDE
LAND
KUH

72 - Livros

H	K	O	S	A	I	H	N	P	O	E	S	I	E	G
J	F	U	H	E	G	E	S	C	H	I	C	H	T	E
V	T	H	C	S	I	R	O	T	S	I	H	K	Ä	E
V	X	H	S	G	Y	T	O	G	P	V	R	O	T	R
G	E	D	I	C	H	T	E	D	N	C	V	L	I	Z
Z	T	M	G	N	P	C	F	L	I	F	M	L	L	Ä
M	N	L	A	N	R	E	S	E	L	H	V	E	A	H
N	O	C	R	R	X	M	U	I	J	U	F	K	U	L
D	K	N	T	C	F	S	T	R	P	O	Y	T	D	E
W	P	J	W	T	N	A	V	E	L	E	R	I	E	R
L	I	T	E	R	A	R	I	S	C	H	O	O	Q	O
G	E	S	C	H	R	I	E	B	E	N	M	N	K	T
Q	N	A	B	E	N	T	E	U	E	R	A	R	N	U
Y	Z	B	S	J	C	Y	Q	A	J	T	N	S	G	A
E	R	F	I	N	D	E	R	I	S	C	H	B	G	S

AUTOR
ABENTEUER
KOLLEKTION
KONTEXT
DUALITÄT
GESCHRIEBEN
EPISCH
GESCHICHTE
HISTORISCH
ERFINDERISCH
LESER
LITERARISCH
ERZÄHLER
SEITE
GEDICHT
POESIE
RELEVANT
ROMAN
SERIE
TRAGISCH

73 - Chocolate

O	C	C	E	R	H	K	S	E	H	L	A	K	B	H
D	Y	U	G	T	C	G	A	R	J	N	N	A	P	A
K	A	L	O	R	I	E	N	K	W	V	T	R	A	N
C	M	Z	X	E	L	R	K	R	A	T	I	A	E	D
A	O	U	P	V	T	E	O	R	O	O	O	M	X	W
M	R	T	W	L	S	K	W	V	Q	G	X	E	O	E
H	A	A	Q	U	Ö	C	D	E	A	C	I	L	T	R
C	R	T	G	P	K	U	Q	B	Q	F	D	L	I	K
S	Y	U	U	Q	H	Z	H	B	U	R	A	H	S	L
E	R	D	N	Ü	S	S	E	I	A	E	N	L	C	I
G	O	G	E	U	E	B	M	T	L	Z	S	O	H	C
N	V	Q	S	G	N	Q	I	T	I	E	J	S	K	H
D	U	S	S	S	X	P	G	E	T	P	Q	P	Ü	Q
C	E	N	E	K	B	Z	U	R	Ä	T	Y	A	Z	S
K	O	K	O	S	N	U	S	S	T	I	L	L	D	C

ZUCKER
BITTER
ERDNÜSSE
ANTIOXIDANS
AROMA
HANDWERKLICH
KAKAO
KALORIEN
KARAMELL
KOKOSNUSS
ESSEN
KÖSTLICH
SÜSS
EXOTISCH
FAVORIT
GESCHMACK
ZUTAT
PULVER
QUALITÄT
REZEPT

74 - Governo

G	Q	V	D	E	M	O	K	R	A	T	I	E	P	N
T	I	E	K	G	I	T	H	C	E	R	E	G	O	A
I	N	R	D	M	K	O	E	C	R	F	P	T	L	T
E	A	F	S	I	K	I	D	J	L	S	S	U	I	I
H	T	A	X	Y	S	N	E	S	S	I	D	J	T	O
I	I	S	R	I	M	K	R	I	Z	E	B	W	I	N
E	O	S	W	Y	K	B	U	Z	I	V	I	L	K	V
R	N	U	Y	S	X	F	O	S	X	W	G	U	W	Z
F	A	N	V	B	S	H	J	L	S	S	T	A	A	T
M	L	G	L	R	L	L	E	I	Z	I	T	S	U	J
D	E	N	K	M	A	L	O	R	T	Q	O	T	J	R
F	R	I	E	D	L	I	C	H	E	R	T	N	U	L
B	S	C	N	Q	N	M	F	Q	S	Z	V	N	W	C
B	C	E	B	P	I	S	X	R	E	R	H	Ü	F	V
T	I	E	H	H	C	I	E	L	G	P	Z	U	C	F

ZIVIL
VERFASSUNG
DEMOKRATIE
REDE
DISKUSSION
DISSENS
BEZIRK
STAAT
GLEICHHEIT
JUSTIZIELL
GERECHTIGKEIT
GESETZ
FREIHEIT
FÜHRER
DENKMAL
NATIONAL
NATION
FRIEDLICH
POLITIK
SYMBOL

75 - Jardinagem

K	R	U	Z	X	P	C	K	P	S	B	E	H	B	F
B	L	Q	C	I	C	H	C	U	A	L	H	C	S	E
Y	O	I	X	J	Y	W	Q	Z	A	S	L	S	S	U
O	D	T	M	X	O	Q	M	W	T	R	A	I	U	C
I	B	J	A	A	O	X	N	D	V	B	N	T	A	H
Q	P	S	B	N	E	D	O	B	Z	P	O	O	R	T
O	J	Y	T	S	I	B	L	A	T	T	S	X	T	I
E	W	H	K	G	X	S	E	K	U	D	I	E	S	G
U	R	R	T	Q	A	D	C	Q	M	B	A	C	J	K
W	A	S	S	E	R	R	O	H	H	H	S	S	P	E
K	B	X	Z	T	A	V	T	Y	C	O	V	E	E	I
U	S	H	K	Ü	L	R	W	E	S	P	V	F	D	T
W	S	B	P	L	A	J	S	C	N	T	A	O	L	R
Q	E	I	N	B	U	K	O	M	P	O	S	T	G	G
J	P	A	W	O	B	C	O	N	T	A	I	N	E	R

WASSER
BOTANISCH
STRAUSS
KLIMA
ESSBAR
KOMPOST
ART
EXOTISCH
BLÜTE
BLATT
LAUB
SCHLAUCH
OBSTGARTEN
CONTAINER
SAISONAL
SAAT
BODEN
SCHMUTZ
FEUCHTIGKEIT

76 - Profissões #2

I	N	G	E	N	I	E	U	R	V	L	E	F	P	B
F	V	T	G	B	M	N	Z	E	O	I	R	O	H	I
A	O	Z	W	R	B	D	O	U	F	N	F	T	I	B
P	C	R	T	L	Z	U	O	A	Z	G	I	O	L	L
K	P	A	S	L	Z	E	L	B	X	U	N	G	O	I
E	J	N	I	C	N	K	O	W	L	I	D	R	S	O
G	M	H	L	F	H	R	G	S	T	S	E	A	O	T
O	B	A	A	V	F	E	E	E	U	T	R	F	P	H
L	G	Z	N	Q	F	N	R	G	A	Q	Z	E	H	E
O	Q	R	R	I	P	T	R	Q	N	J	B	R	D	K
I	L	L	U	S	T	R	A	T	O	R	K	P	A	A
B	G	N	O	R	O	Ä	S	O	R	W	X	X	E	R
Q	R	M	J	C	I	G	M	L	T	Y	T	T	T	G
M	A	L	E	R	T	H	Z	I	S	W	K	T	J	L
L	E	H	R	E	R	P	C	P	A	V	Z	J	O	M

BAUER
ASTRONAUT
BIBLIOTHEKAR
BIOLOGE
CHIRURG
ZAHNARZT
INGENIEUR
PHILOSOPH
FOTOGRAF
ILLUSTRATOR
ERFINDER
FORSCHER
GÄRTNER
JOURNALIST
LINGUIST
ARZT
PILOT
MALER
LEHRER
ZOOLOGE

77 - Café

S	E	C	D	M	T	G	C	F	J	U	D	Y	Z	M
K	O	F	F	E	I	N	E	R	A	R	O	M	A	A
Z	M	O	R	G	E	N	B	R	E	S	S	A	W	H
U	X	P	X	X	W	Z	P	O	Ö	M	W	C	G	L
C	F	G	B	Z	R	A	W	H	C	S	E	V	J	E
K	I	L	F	I	L	T	E	R	B	I	T	A	U	N
E	A	G	Ü	C	F	S	M	J	I	E	Q	E	Y	R
R	Z	S	N	S	O	T	J	Q	T	R	E	S	T	J
G	N	U	R	P	S	R	U	X	T	P	B	S	I	Q
H	F	C	J	G	E	I	X	A	E	D	U	A	T	Y
M	K	L	A	H	S	K	G	B	R	R	J	T	I	I
I	F	F	P	Y	V	Z	N	K	N	Ä	R	T	E	G
L	T	K	C	A	M	H	C	S	E	G	B	F	G	L
C	V	I	E	L	F	A	L	T	Q	I	Z	Z	R	O
H	A	E	H	A	C	U	K	M	Q	W	T	V	J	A

ZUCKER
BITTER
AROMA
GERÖSTET
WASSER
GETRÄNK
KOFFEIN
TASSE
CREME
FILTER
MILCH
FLÜSSIGKEIT
MORGEN
MAHLEN
URSPRUNG
PREIS
SCHWARZ
GESCHMACK
VIELFALT

78 - Negócios

W	L	O	Q	H	B	H	S	D	M	T	V	H	G	R
K	A	L	U	X	A	D	B	D	H	J	C	X	G	A
K	O	R	E	B	E	G	T	I	E	B	R	A	K	B
I	N	S	E	F	D	N	X	S	P	P	R	Q	A	A
R	G	L	T	E	G	D	U	B	U	Z	F	F	R	T
B	E	F	N	E	M	M	O	K	N	I	E	I	R	T
A	S	Y	U	K	N	R	E	U	E	T	S	N	I	W
F	C	W	I	R	T	S	C	H	A	F	T	A	E	Ä
I	H	O	M	X	F	B	A	G	E	L	D	N	R	H
R	Ä	O	L	P	X	P	Ü	B	Z	D	P	Z	E	R
M	F	G	E	W	I	N	N	R	T	P	R	I	J	U
A	T	V	E	R	K	A	U	F	O	Y	G	E	N	N
M	I	T	A	R	B	E	I	T	E	R	R	R	X	G
I	N	V	E	S	T	I	T	I	O	N	Z	E	X	L
K	N	S	J	Y	W	T	B	D	S	E	E	N	J	V

KARRIERE
KOSTEN
RABATT
GELD
WIRTSCHAFT
MITARBEITER
ARBEITGEBER
FIRMA
BÜRO
FABRIK
FINANZIEREN
STEUERN
INVESTITION
GESCHÄFT
GEWINN
WARE
WÄHRUNG
BUDGET
EINKOMMEN
VERKAUF

79 - Fazenda #2

G	N	M	S	I	A	M	G	D	X	A	X	B	G	Q
P	D	F	P	C	L	X	D	R	S	M	V	Q	E	N
T	I	E	R	E	H	R	O	T	K	A	R	T	R	U
O	T	B	N	V	Y	A	E	F	Y	L	E	N	S	B
I	H	Y	E	U	N	E	F	I	U	B	F	F	T	E
F	Z	X	Z	H	E	G	I	B	F	A	Ä	R	E	W
Q	O	C	I	A	T	H	A	H	X	U	H	U	N	Ä
Z	J	K	E	P	R	C	C	K	W	E	C	C	B	S
V	L	O	W	Q	A	L	A	S	F	R	S	H	H	S
V	K	Y	F	Y	G	I	A	P	L	Y	E	T	N	E
L	A	M	M	B	T	M	J	O	U	A	S	F	B	R
W	I	E	S	E	S	V	M	Q	U	X	Ü	P	S	U
H	G	F	K	M	B	G	V	G	I	Y	M	N	G	N
I	T	V	K	C	O	T	S	N	E	N	E	I	B	G
D	F	A	J	X	M	E	O	I	B	P	G	B	G	D

BAUER
TIERE
SCHEUNE
GERSTE
BIENENSTOCK
LAMM
FRUCHT
BEWÄSSERUNG
MILCH
LAMA
REIF
MAIS
SCHAF
SCHÄFER
ENTE
OBSTGARTEN
WIESE
TRAKTOR
WEIZEN
GEMÜSE

80 - Jardim

V	E	R	A	N	D	A	M	Z	O	S	U	H	R	R
W	D	D	Y	X	G	G	K	Y	B	C	N	E	E	U
D	M	I	L	A	R	M	Q	V	S	H	G	S	A	C
U	Q	R	O	N	E	D	O	B	T	L	E	S	A	I
Q	G	H	C	I	E	T	F	E	G	A	R	A	G	E
U	W	S	B	L	Y	U	W	S	A	U	X	R	R	G
Z	V	T	X	O	W	A	C	D	R	C	L	R	E	G
I	A	G	Z	P	O	R	N	G	T	H	E	E	C	D
R	N	U	R	M	X	K	F	F	E	S	F	T	H	Y
V	E	C	N	A	J	N	B	L	N	B	U	Z	E	D
R	P	M	L	R	S	U	R	S	K	N	A	B	N	B
K	A	E	T	T	A	M	E	G	N	Ä	H	A	O	U
T	W	S	N	D	G	A	R	T	E	N	C	U	S	S
Q	U	F	E	B	L	U	M	E	L	T	S	M	F	C
M	P	X	K	N	X	Q	Y	V	D	F	K	Y	S	H

RECHEN
BUSCH
BAUM
BANK
ZAUN
UNKRAUT
BLUME
GARAGE
GRAS
RASEN

GARTEN
TEICH
HÄNGEMATTE
SCHLAUCH
SCHAUFEL
OBSTGARTEN
BODEN
TERRASSE
TRAMPOLIN
VERANDA

81 - Oceano

Y	S	W	O	O	B	K	C	B	Z	W	E	W	C	G
X	C	E	Z	P	M	E	Y	O	U	Y	G	A	K	E
R	H	L	W	X	Z	M	Y	O	K	M	L	L	B	Z
I	I	L	N	G	G	R	E	T	S	U	A	H	G	E
J	L	E	J	E	W	U	D	L	S	A	L	Z	W	I
T	D	N	V	G	A	T	E	L	L	A	R	O	K	T
V	K	I	A	H	T	S	J	N	W	A	Y	Z	N	E
X	R	F	A	V	H	C	S	I	F	N	U	H	T	N
S	Ö	L	T	J	C	K	K	Q	Q	J	Y	Q	P	F
L	T	E	K	U	S	F	R	R	U	T	V	V	H	N
G	E	D	U	O	I	Z	L	A	A	B	Y	Z	M	A
C	Y	K	E	S	F	V	C	D	B	K	S	W	R	W
X	I	G	A	R	N	E	L	E	F	B	E	O	I	R
T	R	Q	W	S	B	M	H	U	H	U	E	I	F	H
K	K	L	U	Y	K	S	C	H	W	A	M	M	F	Y

THUNFISCH
WAL
BOOT
GARNELE
KRABBE
KORALLE
AAL
SCHWAMM
DELFIN
GEZEITEN
QUALLE
WELLEN
AUSTER
FISCH
KRAKE
RIFF
SALZ
SCHILDKRÖTE
STURM
HAI

82 - Profissões #1

K	A	S	T	R	O	N	O	M	F	O	U	O	R	P
M	L	R	E	B	O	T	S	C	H	A	F	T	E	R
U	A	E	K	Ü	N	S	T	L	E	R	H	S	I	E
S	R	T	M	B	H	F	T	Z	Q	G	P	I	L	D
I	O	X	H	P	Q	Y	Q	A	Y	W	A	N	E	I
K	E	M	W	L	N	T	Ä	N	Z	E	R	A	W	E
E	G	U	H	S	E	E	D	Z	F	S	G	I	U	N
R	O	T	I	D	E	T	R	W	I	Y	O	P	J	H
A	L	V	X	Q	D	E	B	O	N	R	T	B	A	C
V	O	F	A	X	S	T	M	Y	V	E	R	U	J	S
S	E	I	Y	B	N	W	H	A	J	I	A	D	Ä	T
Y	G	A	I	Y	R	Q	C	U	N	K	K	X	G	M
T	I	E	R	A	R	Z	T	V	E	N	H	V	E	D
F	E	U	E	R	W	E	H	R	M	A	N	N	R	T
P	S	Y	C	H	O	L	O	G	E	B	X	U	B	K

SCHNEIDER
KÜNSTLER
ASTRONOM
ATHLET
BANKIER
FEUERWEHRMANN
JÄGER
KARTOGRAPH
TÄNZER
EDITOR
BOTSCHAFTER
KLEMPNER
GEOLOGE
JUWELIER
SEEMANN
MUSIKER
PIANIST
PSYCHOLOGE
TIERARZT

83 - Abelhas

V	R	T	U	N	I	H	K	G	F	A	U	Z	L	Q
I	V	L	B	O	U	F	Ö	A	X	L	J	Q	E	P
X	W	A	C	H	S	R	N	R	H	T	Ü	Q	C	Z
B	R	F	E	C	M	U	I	T	Ö	H	J	G	N	W
H	I	L	L	U	U	C	G	E	K	Y	I	I	E	M
P	K	E	N	A	A	H	I	N	O	D	S	N	M	L
T	T	I	N	R	R	T	N	N	S	F	A	O	U	J
I	S	V	E	E	S	V	V	D	Y	A	P	H	L	T
M	B	O	Z	N	N	G	X	M	S	L	V	W	B	K
W	C	E	N	N	E	K	S	J	T	B	L	Ü	T	E
G	N	S	A	O	B	W	O	N	E	L	L	O	P	S
H	D	H	L	S	E	J	U	R	M	B	I	C	L	N
N	B	R	F	S	L	K	H	P	B	D	N	W	X	I
V	K	V	P	V	O	R	T	E	I	L	H	A	F	T
R	G	N	T	Z	S	C	H	W	A	R	M	G	A	W

FLÜGEL
VORTEILHAFT
WACHS
BIENENKORB
VIELFALT
ÖKOSYSTEM
SCHWARM
BLÜTE
BLUMEN
FRUCHT
RAUCH
LEBENSRAUM
INSEKT
GARTEN
HONIG
PFLANZEN
POLLEN
KÖNIGIN
SONNE

84 - Ciência

K	K	H	Y	P	O	T	H	E	S	E	Q	C	C	T
I	L	I	S	S	O	F	M	E	T	H	O	D	E	A
S	I	H	F	T	N	X	H	R	D	A	T	E	N	T
Y	M	M	O	L	E	K	Ü	L	E	E	N	P	S	S
H	A	Z	Y	S	I	O	Q	B	C	V	E	A	C	A
P	F	L	A	N	Z	E	N	G	D	O	M	R	H	C
F	X	G	W	B	L	A	Q	T	U	L	I	T	W	H
V	K	L	A	B	O	R	T	T	Z	U	R	I	E	E
N	A	T	U	R	E	L	I	O	B	T	E	K	R	Z
R	R	U	P	L	O	Z	Q	U	M	I	P	E	K	M
P	Q	P	L	J	T	C	K	F	E	O	X	L	R	X
N	T	C	H	E	M	I	S	C	H	N	E	C	A	N
O	Z	P	L	C	U	Z	C	Z	D	F	I	L	F	G
J	N	J	M	I	N	E	R	A	L	I	E	N	T	Q
O	R	G	A	N	I	S	M	U	S	W	J	S	F	O

ATOM
KLIMA
DATEN
EVOLUTION
EXPERIMENT
TATSACHE
PHYSIK
FOSSIL
SCHWERKRAFT
HYPOTHESE
LABOR
METHODE
MINERALIEN
MOLEKÜLE
NATUR
ORGANISMUS
PARTIKEL
PFLANZEN
CHEMISCH

85 - Cores

B	I	Q	Z	R	A	W	H	C	S	Y	X	N	J	M
V	S	A	C	D	O	R	D	P	G	T	P	I	I	A
O	R	A	N	G	E	T	J	Y	Y	E	A	S	O	G
J	N	B	L	P	I	T	J	K	I	A	L	I	L	E
J	J	X	U	G	S	E	C	E	G	I	E	B	M	N
V	V	U	N	N	H	L	D	G	L	P	T	M	Z	T
G	R	Ü	N	V	C	O	A	N	P	E	R	F	T	A
N	U	Z	T	Q	U	I	A	U	A	S	O	R	U	G
V	P	I	L	H	F	V	F	A	Z	Y	R	B	X	Y
X	R	H	B	N	D	P	J	R	R	B	Z	L	H	P
X	U	H	K	F	G	Q	J	B	M	Q	T	A	P	I
L	P	M	V	C	V	H	H	H	B	R	C	U	I	U
H	O	Z	A	U	S	V	N	P	R	O	K	D	N	X
L	C	W	E	I	S	S	Y	J	U	L	M	T	O	T
H	B	I	A	O	Z	E	X	P	H	R	G	R	A	U

GELB
BLAU
BEIGE
WEISS
PURPUR
ZYAN
GRAU
FUCHSIE
ORANGE
MAGENTA
BRAUN
SCHWARZ
ROSA
LILA
SEPIA
GRÜN
ROT
VIOLETT

86 - Comida #1

B	A	S	I	L	I	K	U	M	S	P	G	Z	Z	M
T	H	U	N	F	I	S	C	H	M	A	V	J	W	I
R	A	J	Z	L	A	S	O	W	C	A	L	D	Q	L
T	G	F	R	E	P	P	U	S	B	T	L	A	B	C
T	P	J	Ü	B	R	X	Z	U	C	K	E	R	T	H
K	K	G	B	E	I	Q	M	R	N	P	C	L	D	C
S	A	T	E	I	K	G	E	R	S	T	E	G	O	U
P	S	R	N	W	O	S	D	Q	Z	D	M	R	G	A
I	A	W	O	Z	S	S	U	N	D	R	E	I	O	L
N	F	T	R	T	E	R	E	E	B	D	R	E	Z	B
A	T	O	T	T	T	U	M	K	U	C	H	E	N	O
T	V	B	I	U	P	E	Y	N	Y	D	T	K	L	N
A	E	X	Z	J	V	P	A	A	G	V	Z	U	Z	K
Z	J	R	I	L	M	E	V	X	K	I	Z	Y	Z	I
A	U	Y	U	X	J	D	K	E	Y	G	B	O	T	M

ZUCKER
KNOBLAUCH
ERDNUSS
THUNFISCH
KUCHEN
ZIMT
ZWIEBEL
KAROTTE
GERSTE
APRIKOSE
SPINAT
MILCH
ZITRONE
BASILIKUM
ERDBEERE
RÜBE
SALZ
SALAT
SUPPE
SAFT

87 - Geometria

L	F	B	G	V	S	G	P	U	D	V	H	Z	A	S
A	G	F	N	E	Y	L	A	Z	J	Z	Q	S	Q	E
T	I	E	U	R	M	E	R	T	D	E	U	S	Q	G
N	P	W	N	T	M	I	A	N	L	O	G	I	K	M
O	M	P	H	I	E	C	L	O	I	E	E	M	N	E
Z	B	Y	C	K	T	H	L	I	W	G	D	N	G	N
I	N	E	E	A	R	U	E	S	E	I	B	M	O	T
R	E	S	R	L	I	N	L	N	I	T	N	E	F	S
O	M	S	E	F	E	G	W	E	R	Z	N	K	T	U
H	E	A	B	A	L	G	Q	M	O	I	D	A	E	P
V	D	M	U	Z	Z	Ä	S	I	E	R	K	Z	T	L
F	I	X	Z	I	O	E	C	D	H	K	U	R	V	E
U	A	Y	S	B	I	P	R	H	T	X	V	V	I	H
A	N	J	C	O	Z	K	K	C	E	I	E	R	D	P
D	U	R	C	H	M	E	S	S	E	R	H	Ö	H	E

HÖHE
WINKEL
BERECHNUNG
KREIS
KURVE
DURCHMESSER
DIMENSION
GLEICHUNG
HORIZONTAL
LOGIK
MASSE
MEDIAN
PARALLEL
ANTEIL
SEGMENT
SYMMETRIE
OBERFLÄCHE
THEORIE
DREIECK
VERTIKAL

88 - Pássaros

S	S	U	A	R	T	S	N	L	V	K	A	J	C	K
T	P	M	M	U	Z	N	B	N	E	H	C	V	K	A
A	L	A	S	V	F	F	L	A	M	I	N	G	O	D
U	I	M	T	S	U	E	N	C	X	A	E	F	F	L
B	X	N	U	Z	T	F	M	Q	Z	N	J	G	T	E
E	H	Ä	R	K	B	O	P	I	N	G	U	I	N	R
N	A	W	H	C	S	V	R	L	H	U	G	P	D	W
A	S	A	H	Z	P	X	B	C	U	G	A	N	S	M
K	U	C	K	U	C	K	B	D	H	A	G	F	L	Q
I	R	R	X	E	E	W	Ö	M	I	K	N	Y	P	T
L	I	E	N	N	I	T	O	U	C	A	N	O	K	R
E	Z	I	F	Q	Y	V	P	P	A	P	A	G	E	I
P	J	H	J	C	R	A	H	K	Q	C	H	P	T	R
B	T	E	P	M	I	C	C	G	J	L	X	N	N	K
B	F	R	N	J	X	W	T	C	P	I	H	D	E	Y

STRAUSS
ADLER
STORCH
SCHWAN
KRÄHE
KUCKUCK
FLAMINGO
HUHN
MÖWE
GANS

REIHER
EI
PAPAGEI
SPATZ
ENTE
PFAU
PELIKAN
PINGUIN
TAUBE
TOUCAN

89 - Literatura

B	E	S	C	H	R	E	I	B	U	N	G	A	D	A
F	W	N	N	V	M	P	Y	A	Y	S	C	U	I	N
F	N	B	E	R	H	Y	T	H	M	U	S	T	A	A
G	E	D	I	C	H	T	A	Q	M	H	X	O	L	L
G	I	I	H	P	R	K	M	N	E	V	N	R	O	O
V	Y	L	P	K	E	K	E	O	A	O	Z	T	G	G
A	E	N	A	K	H	E	H	I	J	L	I	T	S	I
N	G	R	R	Z	P	K	T	T	Q	Q	Y	Z	X	E
E	H	G	G	W	A	V	J	K	L	Y	D	S	F	D
K	D	R	O	L	T	M	X	I	R	E	I	M	E	Q
D	R	X	I	N	E	Z	Y	F	X	T	B	W	Q	D
O	L	O	B	Z	M	I	T	R	A	G	Ö	D	I	E
T	P	O	M	P	V	H	C	S	I	T	E	O	P	V
E	F	V	W	A	R	E	L	H	Ä	Z	R	E	B	U
W	D	R	T	G	N	U	N	I	E	M	B	L	Z	S

ANALOGIE
ANALYSE
ANEKDOTE
AUTOR
BIOGRAPHIE
VERGLEICH
BESCHREIBUNG
DIALOG
STIL
FIKTION
METAPHER
ERZÄHLER
MEINUNG
GEDICHT
POETISCH
REIM
RHYTHMUS
ROMAN
THEMA
TRAGÖDIE

90 - Química

S	A	G	K	O	R	G	A	N	I	S	C	H	E	F
A	N	F	F	O	T	S	R	E	S	S	A	W	L	L
U	A	M	D	O	H	Z	R	J	C	X	V	J	E	Ü
E	Q	H	C	S	I	L	A	K	L	A	X	D	K	S
R	O	L	H	C	D	A	E	U	C	X	A	P	T	S
S	W	W	O	M	Q	S	L	N	R	Z	I	J	R	I
T	Z	Q	R	Y	Y	E	K	M	S	V	O	N	O	G
O	H	I	T	Z	E	L	U	S	O	T	N	K	N	K
F	M	X	H	N	G	E	N	Z	Ä	L	O	A	D	E
F	A	K	C	E	R	M	U	S	U	U	E	F	S	I
C	R	N	I	W	G	E	L	Q	E	F	R	K	F	T
J	K	B	W	P	H	N	Z	C	Z	C	H	E	Ü	S
J	E	B	E	R	U	T	A	R	E	P	M	E	T	L
C	J	F	G	N	M	E	D	M	X	N	F	B	S	X
K	A	T	A	L	Y	S	A	T	O	R	H	D	L	U

ALKALISCH
SÄURE
HITZE
KOHLENSTOFF
KATALYSATOR
CHLOR
ELEMENTE
ELEKTRON
ENZYM
GAS
WASSERSTOFF
ION
FLÜSSIGKEIT
MOLEKÜL
NUKLEAR
ORGANISCH
SAUERSTOFF
GEWICHT
SALZ
TEMPERATUR

91 - Clima

H	U	R	R	I	K	A	N	C	Y	S	O	O	B	E
B	Q	W	N	P	D	V	H	C	S	I	P	O	R	T
N	L	N	P	F	O	A	D	X	L	E	M	M	I	H
E	V	I	V	U	N	N	H	C	Z	D	S	P	S	M
B	T	D	T	I	N	E	G	O	B	N	E	G	E	R
E	L	R	R	Z	E	T	D	N	I	W	F	M	K	U
L	D	A	O	B	R	Y	Ü	R	Z	S	L	O	L	T
K	Q	L	D	C	Q	G	R	S	M	D	X	N	O	S
L	Q	O	A	I	K	G	R	Z	H	K	J	S	W	Q
I	U	P	N	Q	O	E	E	J	X	I	M	U	U	W
M	B	T	R	R	L	T	N	T	M	O	O	N	S	U
A	G	P	O	U	A	T	M	O	S	P	H	Ä	R	E
V	R	U	T	A	R	E	P	M	E	T	Q	W	N	U
B	I	J	K	K	W	V	Y	Y	L	W	E	W	Z	S
J	V	M	N	F	K	I	X	I	E	C	S	N	Z	G

REGENBOGEN
ATMOSPHÄRE
BRISE
HIMMEL
KLIMA
HURRIKAN
EIS
MONSUN
NEBEL
WOLKE
POLAR
BLITZ
DÜRRE
TROCKEN
TEMPERATUR
STURM
TORNADO
TROPISCH
DONNER
WIND

92 - Tecnologia

S	C	H	R	I	F	T	A	R	T	V	L	P	V	W
O	K	K	A	W	B	Y	T	E	S	T	L	K	I	G
E	A	N	U	D	E	X	D	Z	F	I	H	I	R	O
D	S	W	O	T	S	S	C	T	B	E	M	T	U	B
K	A	M	E	R	A	B	F	V	F	H	R	S	S	R
F	O	R	S	C	H	U	N	G	R	R	I	I	O	O
V	N	O	X	S	C	A	K	X	Y	E	H	T	S	W
U	B	S	U	H	T	H	C	I	R	H	C	A	N	S
Z	F	R	R	K	N	E	T	A	D	C	S	T	D	E
U	I	U	B	O	Q	G	N	T	A	I	D	S	I	R
N	P	C	H	M	R	E	F	R	T	S	L	Q	G	Z
B	C	O	M	P	U	T	E	R	E	O	I	T	I	Q
K	L	L	E	U	T	R	I	V	I	T	B	N	T	H
L	J	O	S	O	F	T	W	A	R	E	N	U	A	E
K	J	S	G	Z	Z	X	Z	I	M	G	W	I	L	H

DATEI
BLOG
BYTES
KAMERA
COMPUTER
CURSOR
DATEN
DIGITAL
STATISTIK
SCHRIFTART
INTERNET
NACHRICHT
BROWSER
FORSCHUNG
SICHERHEIT
SOFTWARE
BILDSCHIRM
VIRTUELL
VIRUS

93 - Arte

V	K	D	U	M	J	O	F	G	K	B	S	V	Z	S
A	X	Z	I	A	K	R	O	G	E	E	K	B	P	K
G	X	N	E	R	E	I	T	Ä	R	T	R	O	P	U
P	E	S	S	S	V	G	O	C	A	O	F	M	R	L
S	L	G	G	W	W	I	V	O	M	X	J	G	K	P
O	P	F	E	B	S	N	O	E	I	S	E	O	P	T
P	M	W	H	N	H	A	D	T	K	P	Z	P	U	U
L	O	B	M	Y	S	L	V	I	S	U	E	L	L	R
C	K	M	V	P	E	T	S	C	H	A	F	F	E	N
E	I	N	F	A	C	H	A	G	E	M	Ä	L	D	E
E	H	R	L	I	C	H	G	N	U	M	M	I	T	S
S	O	W	Z	W	K	C	U	R	D	S	U	A	W	P
S	U	R	R	E	A	L	I	S	M	U	S	P	G	J
O	M	Z	M	W	P	E	R	S	Ö	N	L	I	C	H
I	N	S	P	I	R	I	E	R	T	B	J	Q	H	C

KERAMIK
KOMPLEX
SCHAFFEN
SKULPTUR
AUSDRUCK
EHRLICH
STIMMUNG
INSPIRIERT
ORIGINAL
PERSÖNLICH
GEMÄLDE
POESIE
PORTRÄTIEREN
EINFACH
SYMBOL
GEGENSTAND
SURREALISMUS
VISUELL

94 - Diplomacia

G	N	U	S	Ö	L	F	I	E	H	Y	J	H	K	C
E	A	K	G	T	F	A	H	C	S	T	O	B	O	G
M	I	R	C	T	M	I	U	L	K	H	N	N	N	X
E	Z	W	O	T	F	A	I	F	C	O	Z	C	F	G
I	S	P	R	A	C	H	E	N	L	K	E	O	L	M
N	O	I	S	S	U	K	S	I	D	Ö	H	X	I	S
S	Q	T	I	E	H	R	E	H	C	I	S	G	K	O
C	R	E	T	A	R	E	B	Q	C	O	U	U	T	R
H	V	C	T	Ä	T	I	R	G	E	T	N	I	N	E
A	J	A	I	H	P	O	L	I	T	I	K	L	B	G
F	O	H	C	S	I	T	A	M	O	L	P	I	D	R
T	M	V	P	U	G	K	V	E	R	T	R	A	G	Ü
G	E	R	E	C	H	T	I	G	K	E	I	T	Q	B
R	E	G	I	E	R	U	N	G	X	V	F	W	P	F
K	B	S	P	G	B	H	U	M	A	N	I	T	Ä	R

BÜRGER
GEMEINSCHAFT
KONFLIKT
BERATER
DIPLOMATISCH
DISKUSSION
BOTSCHAFT
ETHIK
REGIERUNG
HUMANITÄR
INTEGRITÄT
GERECHTIGKEIT
SPRACHEN
POLITIK
AUFLÖSUNG
SICHERHEIT
LÖSUNG
VERTRAG

95 - Comida # 2

H	M	S	B	K	T	K	U	S	R	J	K	P	I	Z
U	X	C	R	I	O	Y	I	D	I	N	K	I	S	P
H	Q	H	O	R	M	W	E	W	P	V	P	L	L	F
N	K	I	K	S	A	X	V	B	I	K	R	Z	Q	X
D	I	N	K	C	T	G	F	C	U	Y	R	S	W	J
R	E	K	O	H	E	N	I	G	R	E	B	U	A	F
E	D	E	L	E	G	U	J	T	A	E	K	P	B	I
I	A	N	I	U	D	E	W	O	D	E	H	W	A	S
S	L	E	F	P	A	U	L	S	G	M	K	Y	N	C
Y	O	K	Q	Q	Y	C	Z	H	A	H	P	S	A	H
E	K	C	O	H	C	S	I	T	R	A	U	Z	N	R
V	O	Ä	M	Q	X	D	W	W	F	M	E	R	E	Q
E	H	X	S	V	E	A	G	J	Z	H	X	E	T	L
T	C	A	L	E	D	N	A	M	W	E	I	Z	E	N
R	S	T	R	A	U	B	E	J	X	X	H	V	T	N

ARTISCHOCKE
MANDEL
REIS
BANANE
AUBERGINE
BROKKOLI
KIRSCHE
SCHOKOLADE
PILZ
HUHN
JOGHURT
KIWI
APFEL
EI
FISCH
SCHINKEN
KÄSE
TOMATE
WEIZEN
TRAUBE

96 - Universo

S	I	C	H	T	B	A	R	M	S	U	Y	A	G	H
T	E	L	E	S	K	O	P	V	Q	Y	N	J	A	O
H	Y	C	F	D	A	R	G	N	E	G	N	Ä	L	R
N	E	I	M	O	N	O	R	T	S	A	B	U	A	I
E	D	M	T	Z	N	P	B	R	E	I	T	E	X	Z
U	N	X	I	Q	L	U	V	M	X	U	L	E	I	O
Y	E	F	B	S	I	E	R	K	R	E	I	T	E	N
O	W	X	R	S	P	K	O	S	M	I	S	C	H	T
H	N	H	O	A	O	H	P	D	W	Q	B	O	I	V
M	E	M	G	E	Y	L	Ä	L	H	I	M	M	E	L
D	N	O	M	C	U	S	A	R	O	T	A	U	Q	Ä
N	N	S	K	G	D	I	O	R	E	T	S	A	J	Y
M	O	N	O	R	T	S	A	K	G	B	Z	A	N	G
E	S	I	Y	Z	T	H	I	M	M	L	I	S	C	H
A	T	M	O	S	P	H	Ä	R	E	S	L	U	T	E

ASTEROID
ASTRONOMIE
ASTRONOM
ATMOSPHÄRE
HIMMLISCH
HIMMEL
KOSMISCH
ÄQUATOR
GALAXIE
HEMISPHÄRE
HORIZONT
BREITE
LÄNGENGRAD
MOND
ORBIT
SOLAR
SONNENWENDE
TELESKOP
SICHTBAR
TIERKREIS

97 - Jazz

I	P	C	K	T	N	A	K	L	J	S	L	J	N	S
P	M	I	S	S	E	L	L	Ü	M	G	I	F	T	L
S	R	P	C	I	U	T	Z	S	N	R	E	J	M	M
M	R	T	R	N	F	D	Q	D	I	S	D	S	H	U
Z	J	G	I	O	P	G	P	T	S	M	T	F	Ü	S
E	K	N	V	P	V	A	L	B	U	M	S	L	R	I
G	I	U	D	M	K	I	P	W	Z	R	T	N	E	K
E	N	N	B	O	Z	M	S	Y	H	W	I	C	B	R
N	H	O	F	K	P	G	O	A	Q	U	L	H	L	A
R	C	T	Q	L	I	E	M	L	T	N	E	L	A	T
E	E	E	C	N	Ü	G	L	V	B	I	N	I	C	V
G	T	B	R	E	T	S	E	H	C	R	O	R	M	S
K	O	N	Z	E	R	T	S	Y	D	G	E	N	I	Z
R	H	Y	T	H	M	U	S	E	T	K	Y	U	H	S
V	U	S	C	H	L	A	G	Z	E	U	G	H	K	I

KÜNSTLER
ALBUM
SCHLAGZEUG
LIED
KOMPONIST
KONZERT
STIL
BETONUNG
BERÜHMT
GENRE
IMPROVISATION
EINFLÜSSE
MUSIK
NEU
ORCHESTER
RHYTHMUS
TALENT
TECHNIK
ALT

98 - Barcos

D	X	N	E	L	L	E	W	E	I	N	D	S	S	F
X	Z	A	F	A	E	U	D	T	Y	N	H	J	E	L
L	K	U	N	A	K	Y	C	I	O	W	Q	N	I	U
O	L	T	H	C	A	Y	B	R	T	S	A	M	L	S
T	V	I	J	K	S	L	V	D	O	C	K	N	A	S
O	K	S	V	K	F	L	O	S	S	B	O	J	E	S
U	I	C	O	A	U	F	J	V	M	O	Z	E	A	N
A	B	H	C	J	J	E	R	G	H	O	V	Q	C	T
T	Y	W	F	A	A	S	O	E	Z	V	T	G	J	A
A	W	U	Y	K	N	N	A	M	E	E	S	O	U	E
W	S	D	U	E	K	P	Y	A	S	V	V	R	R	V
A	N	Y	T	D	E	J	M	X	K	Z	E	A	H	Q
C	B	H	X	E	R	E	E	M	K	D	M	L	Z	R
R	E	Y	S	F	M	C	S	D	V	B	C	R	E	W
D	T	H	X	I	F	Ä	H	R	E	G	O	H	C	P

ANKER
FÄHRE
BOJE
KAJAK
KANU
SEIL
DOCK
YACHT
FLOSS
SEE
MEER
TIDE
SEEMANN
MAST
MOTOR
NAUTISCH
OZEAN
WELLEN
FLUSS
CREW

99 - Mamíferos

G	N	K	X	S	P	W	O	O	K	Z	E	S	D	B
E	I	O	U	H	F	J	M	C	R	V	L	C	K	L
H	F	R	T	C	E	T	O	J	O	K	E	H	I	D
I	L	B	A	U	R	E	I	T	S	Y	F	A	C	B
S	E	D	I	F	D	N	U	H	T	B	A	F	W	J
D	D	M	O	B	F	K	A	T	Z	E	N	A	K	N
Z	E	B	R	A	E	E	F	F	A	Q	T	Q	M	W
J	G	B	B	D	J	R	G	O	R	I	L	L	A	W
H	A	S	E	K	Ä	N	G	U	R	U	K	U	S	W
L	Ö	W	E	W	O	L	F	G	Y	C	W	S	L	P
E	P	W	A	H	H	B	W	I	A	D	R	A	I	W
M	U	D	J	G	X	W	V	E	K	J	Y	A	L	C
A	I	K	N	N	N	G	R	A	D	C	M	T	V	U
K	A	H	D	T	P	Y	J	K	K	L	L	P	F	Z
F	C	X	K	H	E	S	H	B	D	Z	T	H	W	F

WAL
KAMEL
KÄNGURU
BIBER
PFERD
HUND
HASE
KOJOTE
ELEFANT
KATZE

GIRAFFE
DELFIN
GORILLA
LÖWE
WOLF
AFFE
SCHAF
FUCHS
STIER
ZEBRA

100 - Atividades e Lazer

G	A	R	T	E	N	A	R	B	E	I	T	W	K	H
G	I	T	B	A	S	K	E	T	B	A	L	L	C	G
O	L	L	A	B	S	S	U	F	O	L	K	D	K	P
L	A	F	F	U	S	U	R	F	E	N	E	X	O	B
F	K	S	O	D	C	P	G	P	T	B	L	M	F	F
R	W	E	Z	I	M	H	Q	G	D	Q	K	M	H	W
B	Y	G	A	X	Z	N	E	M	M	I	W	H	C	S
K	A	L	L	A	M	F	C	N	A	N	E	Q	F	L
Q	O	S	I	N	N	E	T	R	N	K	H	T	N	P
H	I	W	E	D	L	Ä	M	E	G	F	U	R	N	H
R	S	E	I	B	B	O	H	D	E	E	U	N	U	G
R	E	I	S	E	A	D	B	N	L	H	J	B	S	P
Y	D	V	L	Y	X	L	L	A	N	Z	F	Z	T	T
C	A	M	P	I	N	G	L	W	R	E	N	N	E	N
W	A	E	N	T	S	P	A	N	N	E	N	D	H	S

CAMPING
KUNST
BASKETBALL
BASEBALL
BOXEN
WANDERN
RENNEN
FUSSBALL
GOLF
HOBBIES
GARTENARBEIT
TAUCHEN
SCHWIMMEN
ANGELN
GEMÄLDE
ENTSPANNEND
SURFEN
TENNIS
REISE

1 - Dirigindo

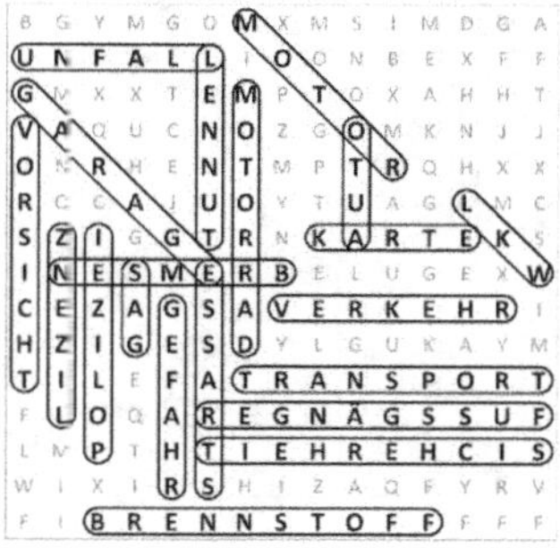

2 - Antiguidades

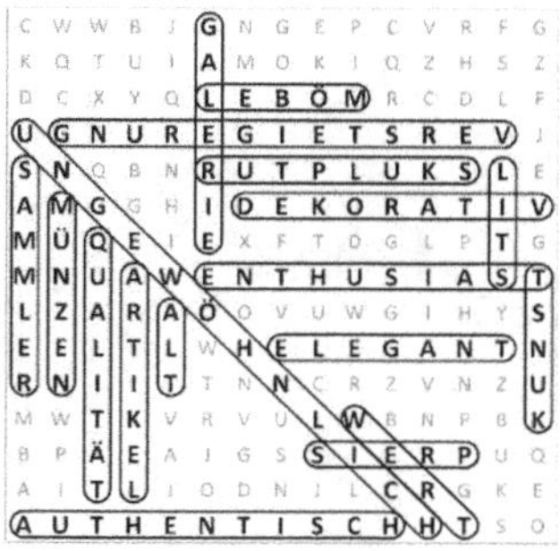

3 - Atividades

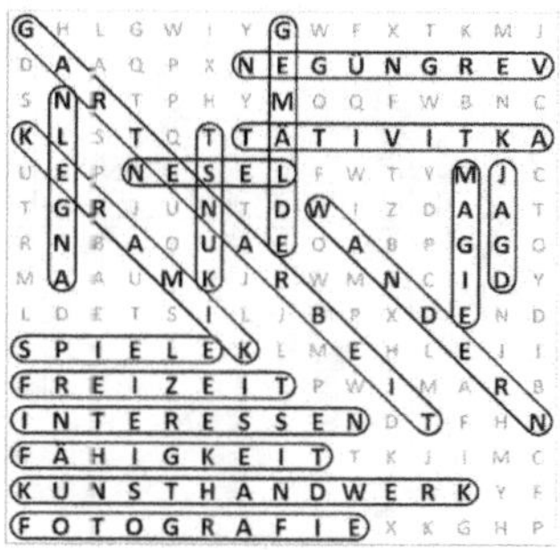

4 - Churrascos

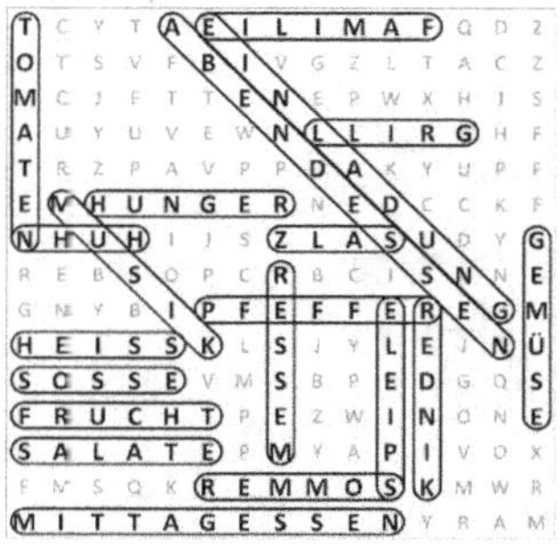

5 - Pesca

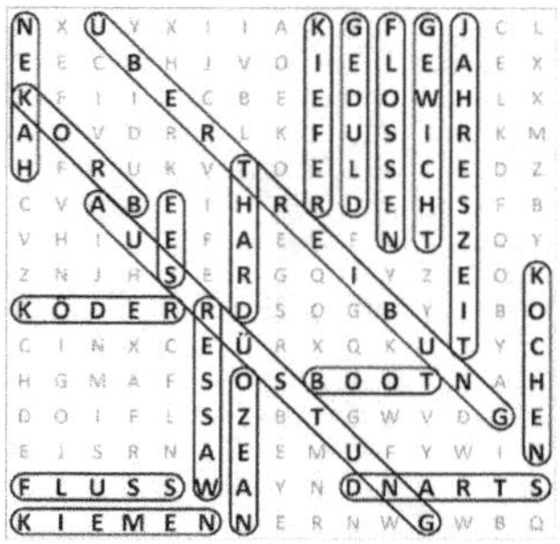

6 - Geologia

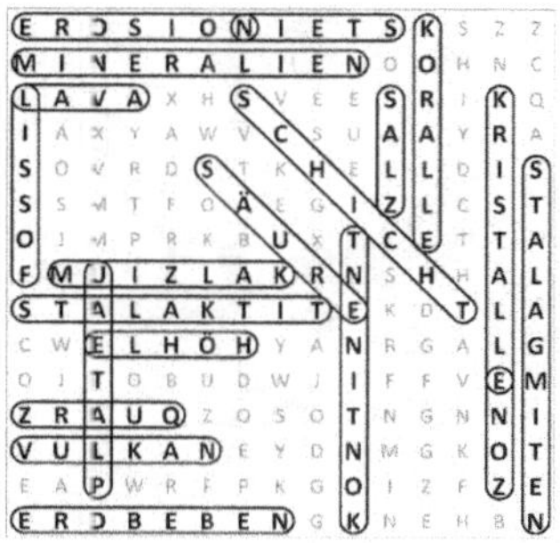

7 - Tempo

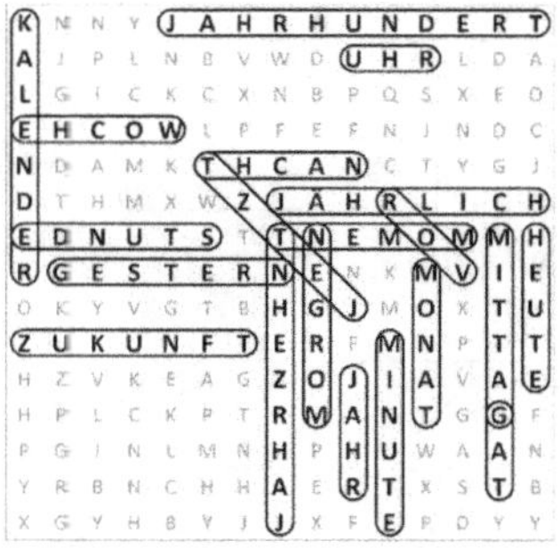

8 - Astronomia

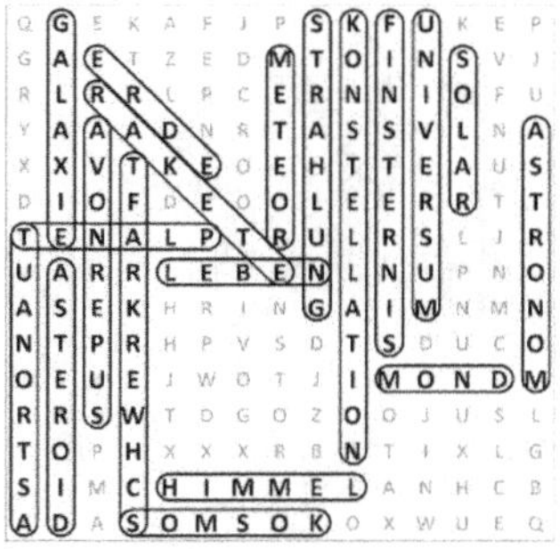

9 - Acampamento

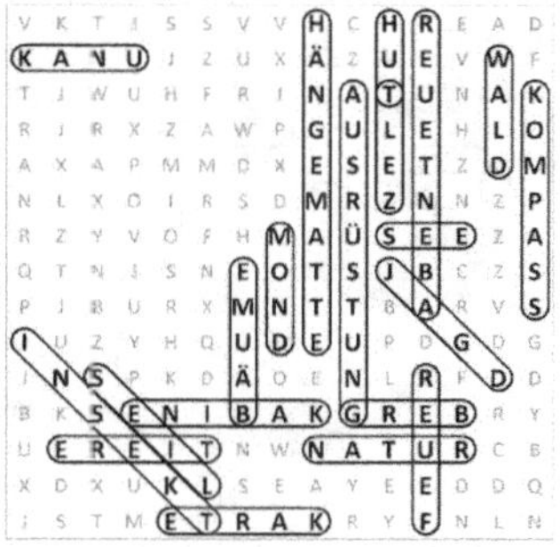

10 - Ficção Científica

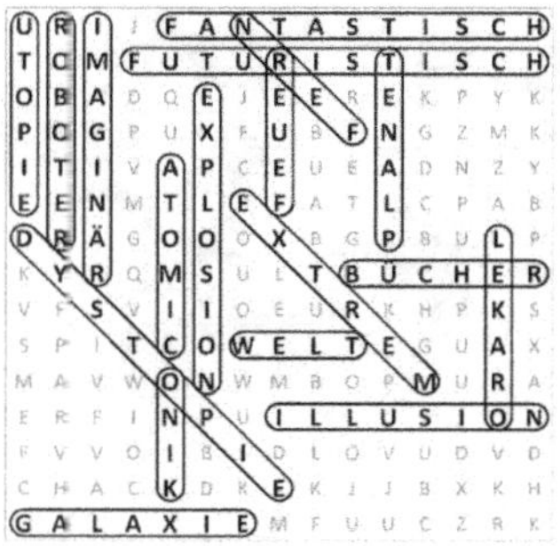

11 - Mitologia

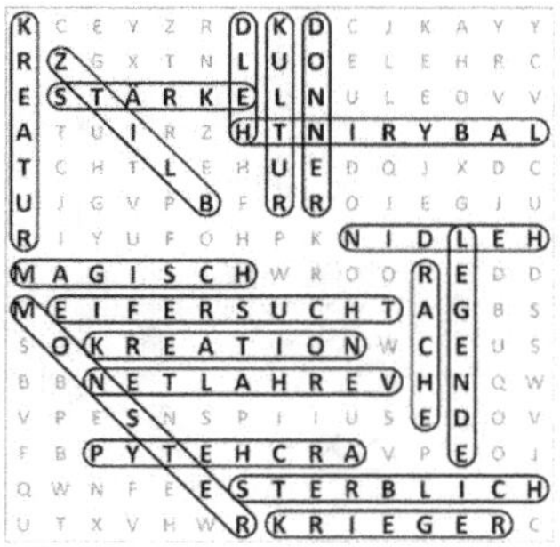

12 - Medições

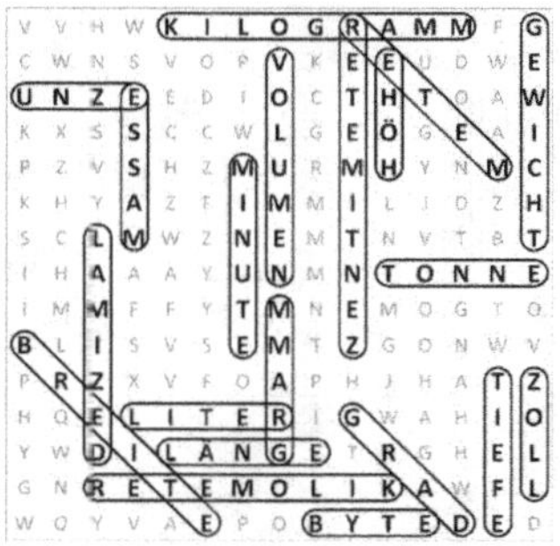

13 - Álgebra

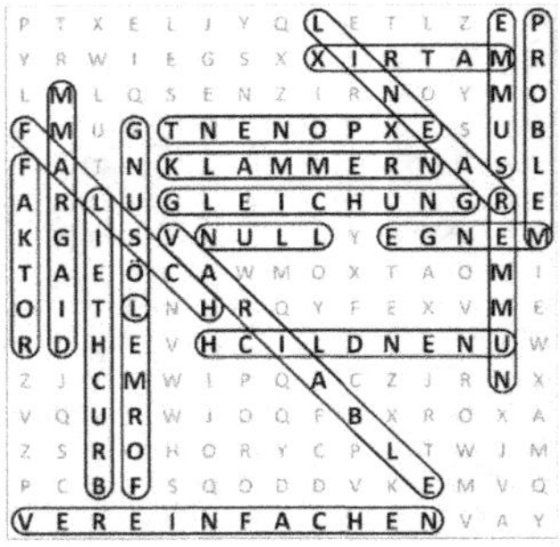

14 - Plantas

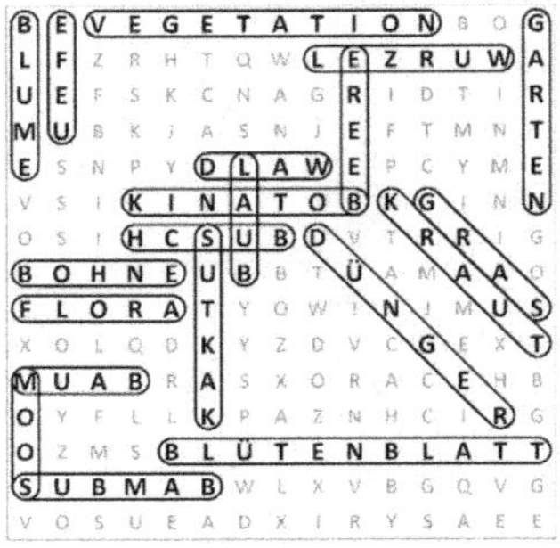

15 - Veículos

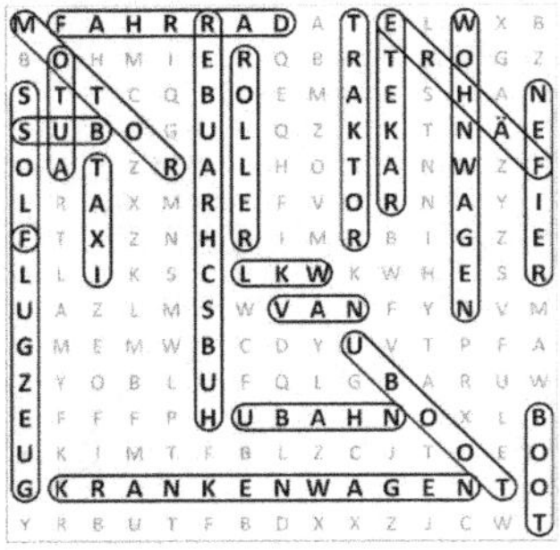

16 - Engenharia

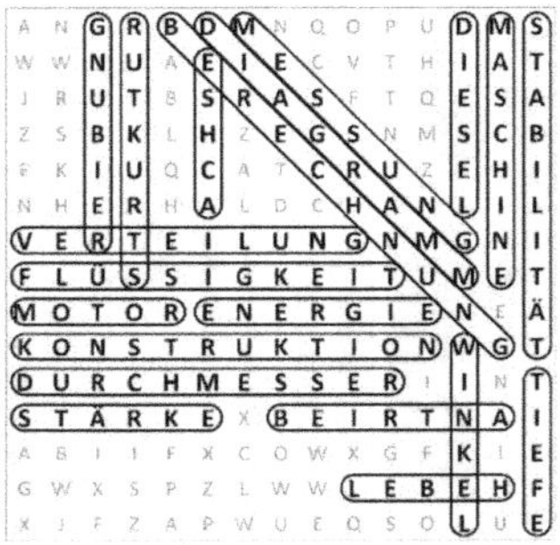

17 - Restaurante # 2

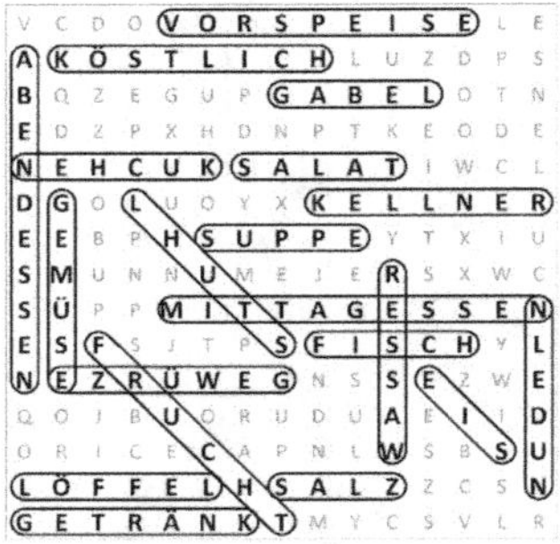

18 - Países #2

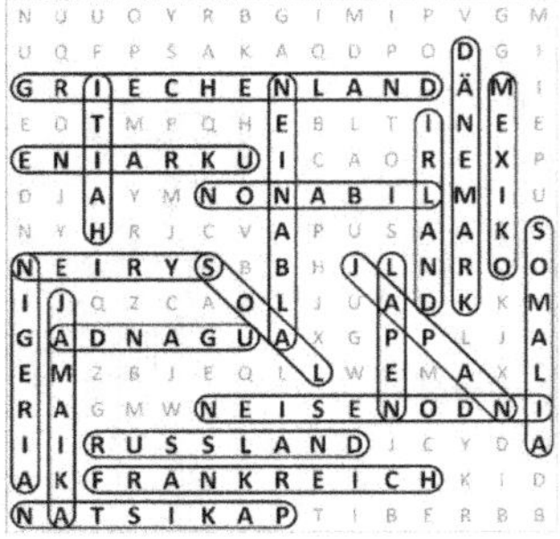

19 - Números

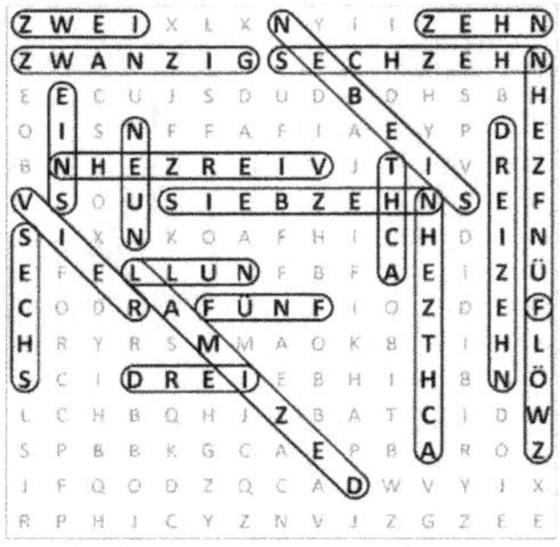

20 - Física

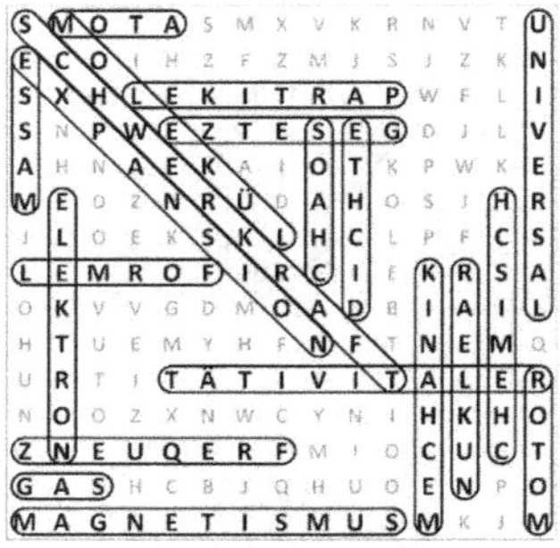

21 - Especiarias

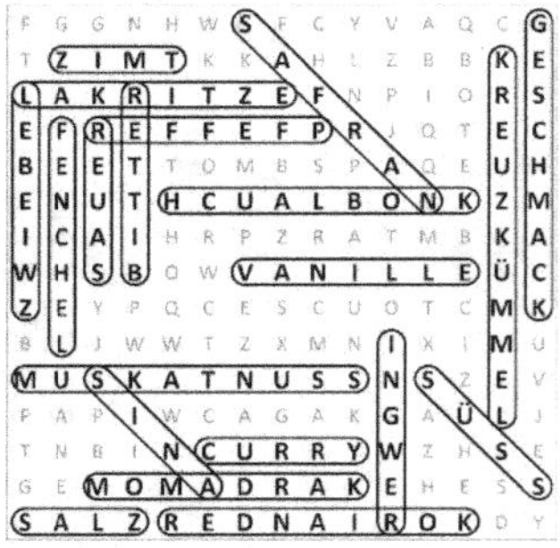

22 - Países #1

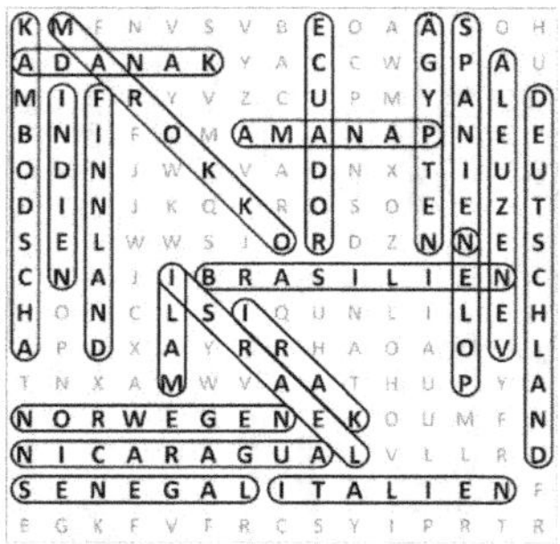

23 - Casa

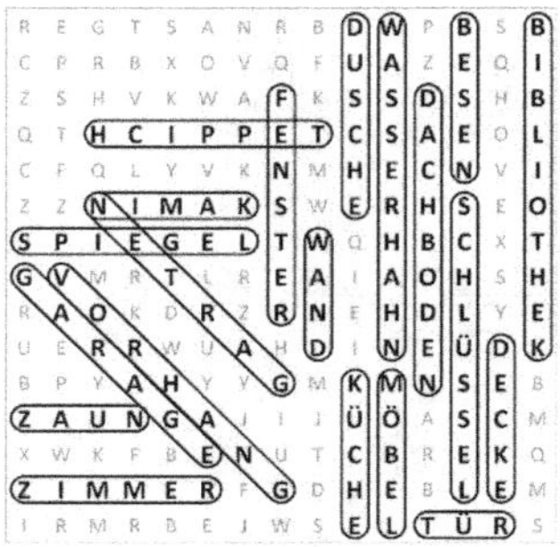

24 - Vegetais

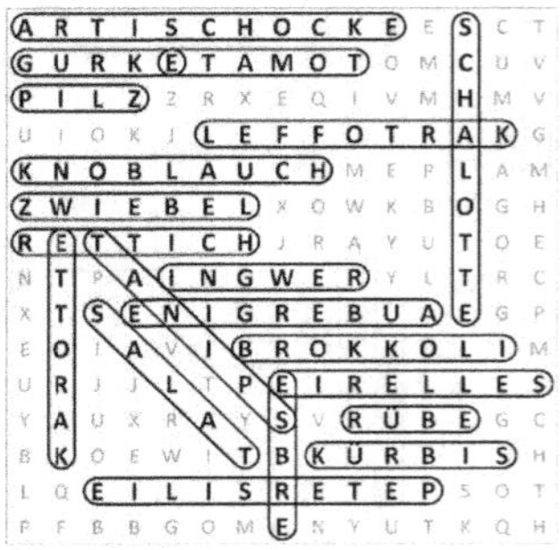

25 - Balé

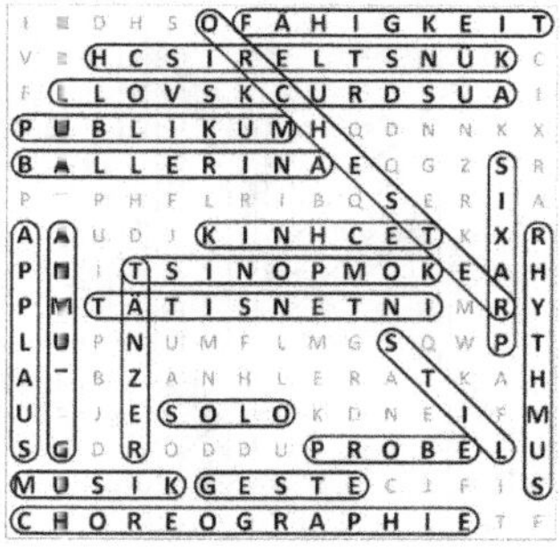

26 - Adjetivos #1

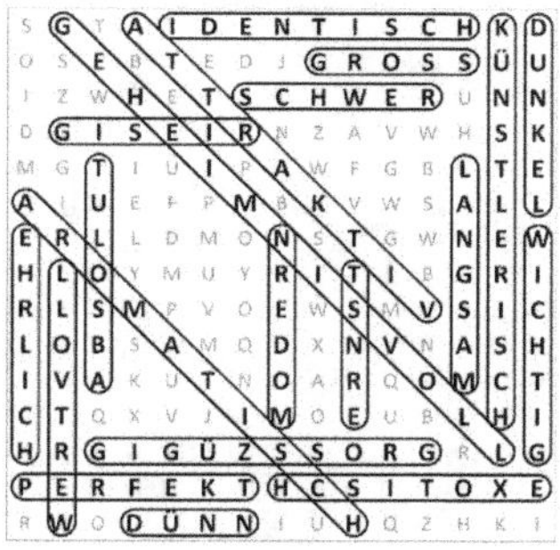

27 - Paisagens

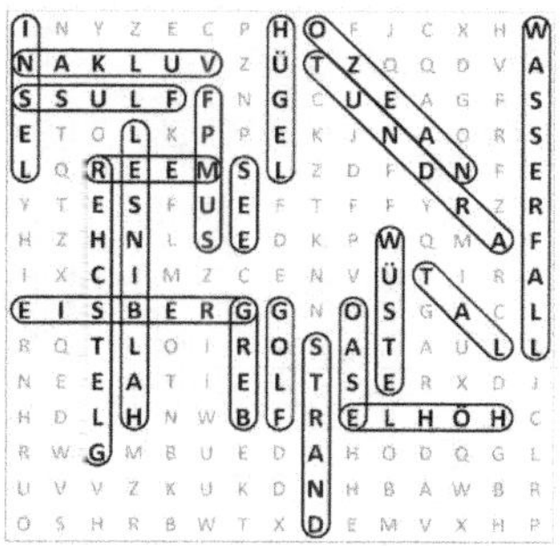

28 - Dança

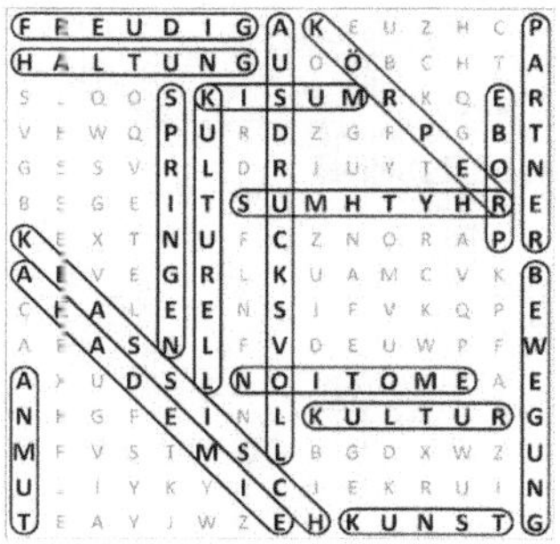

29 - Nutrição

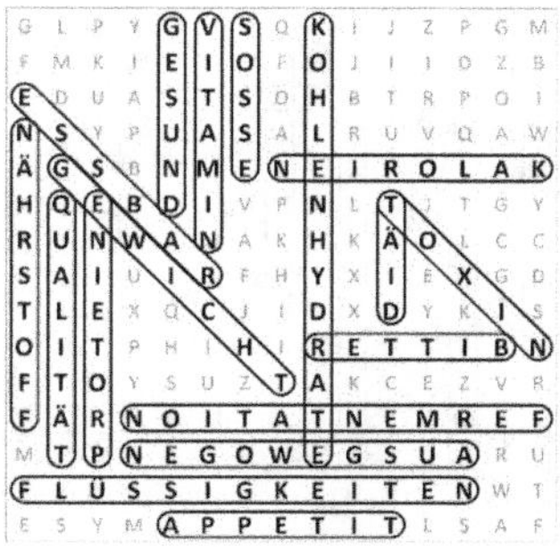

30 - Energia

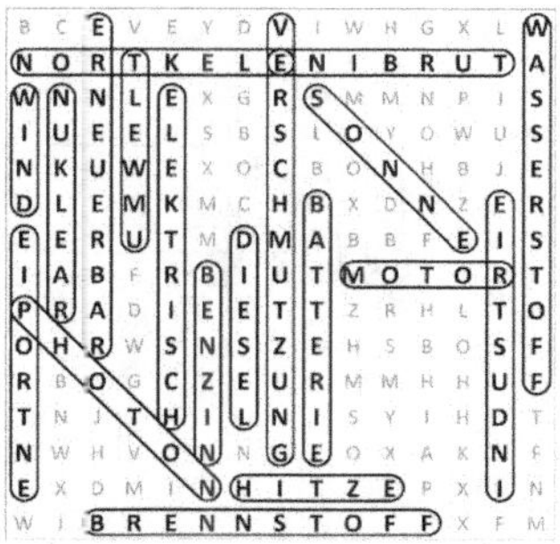

31 - Disciplinas Científicas

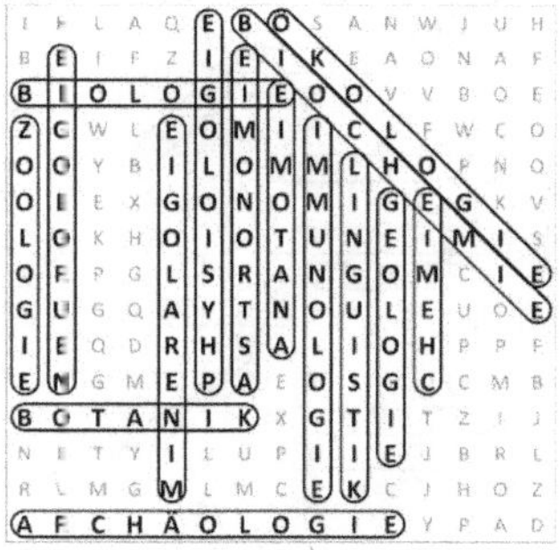

32 - Meditação

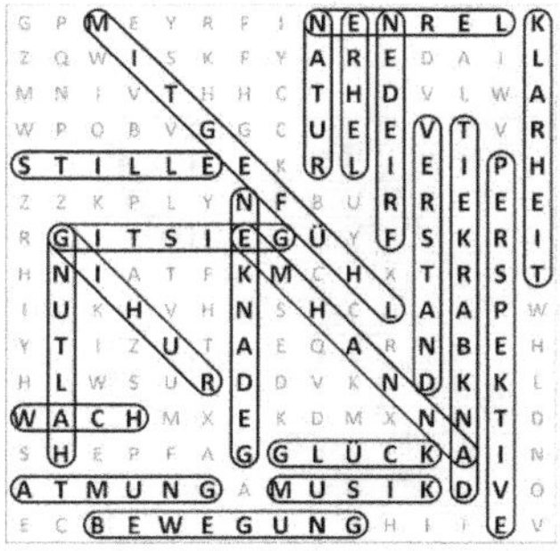

33 - Artes Visuais

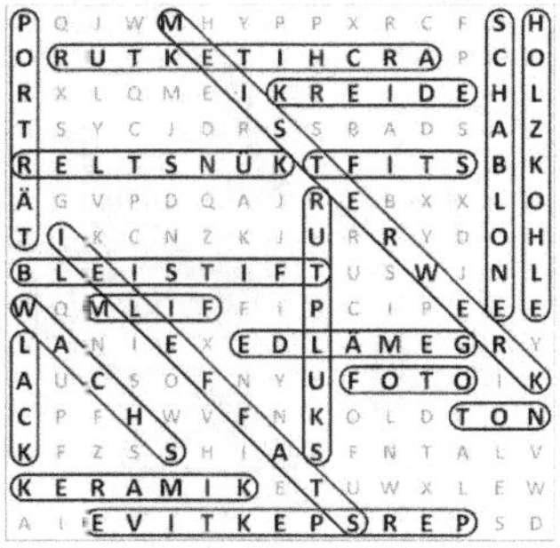

34 - Instrumentos Musicais

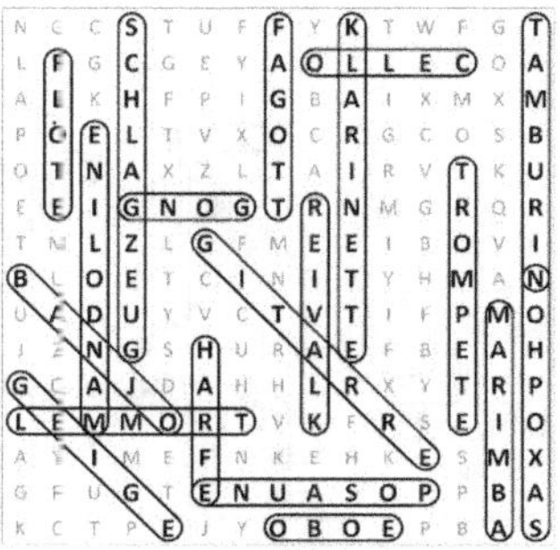

35 - Adjetivos #2

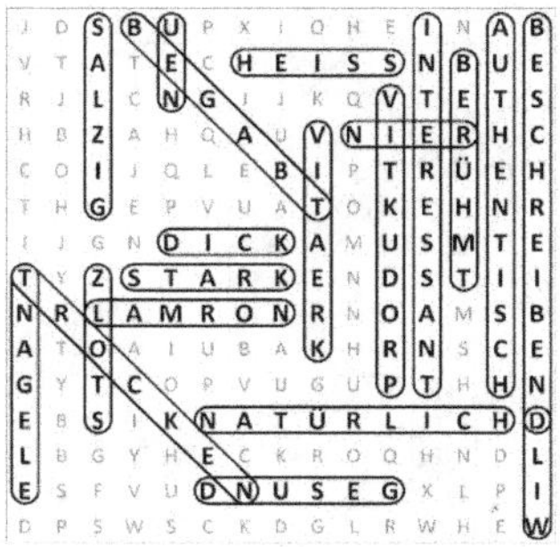

36 - Roupas

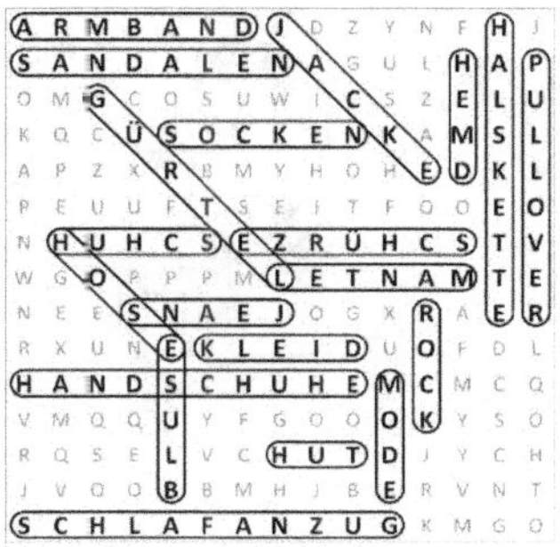

37 - Herbalismo

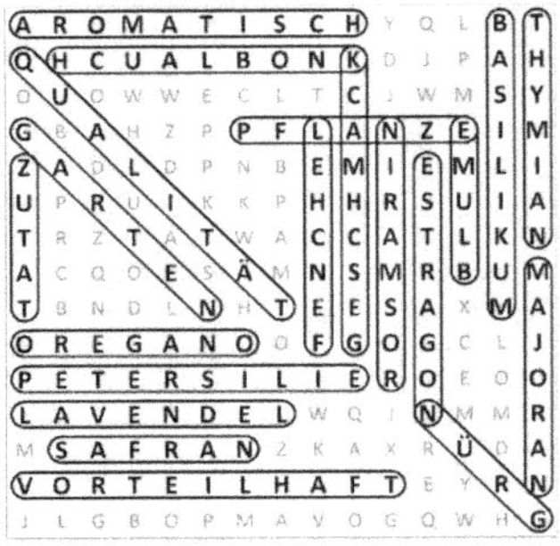

38 - Arqueologia

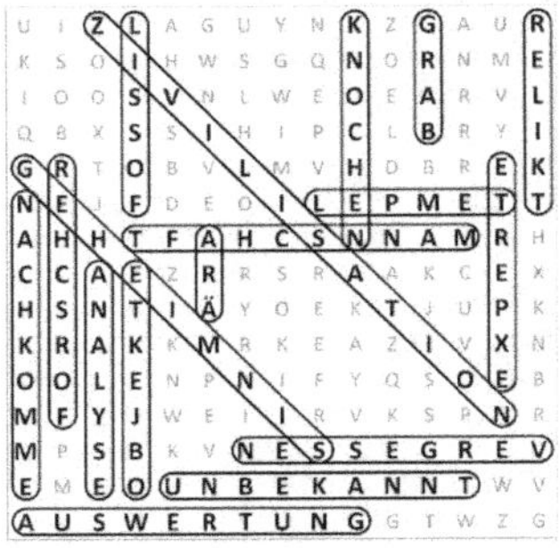

39 - Esporte

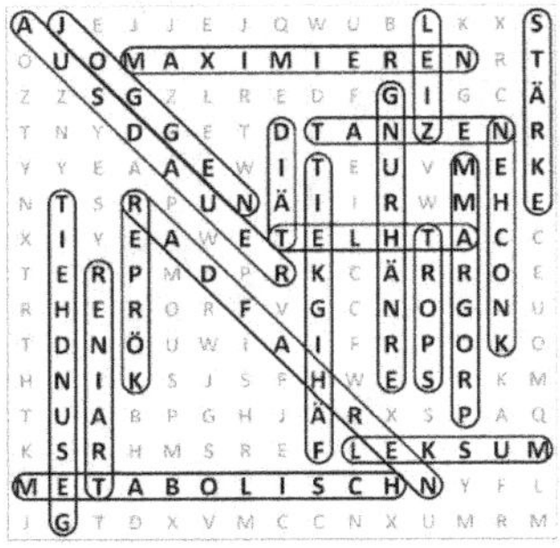

40 - Agronomia

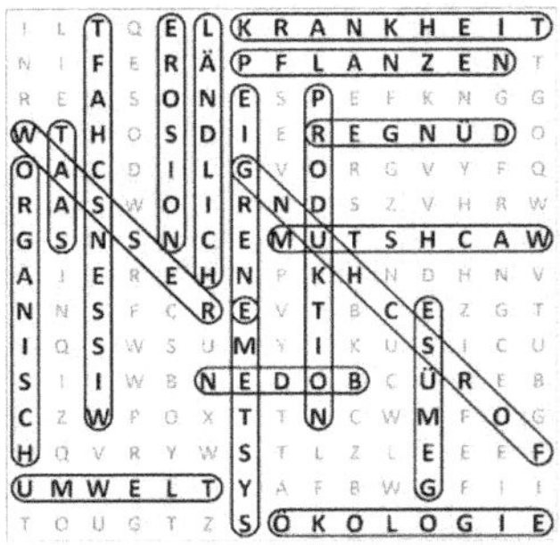

41 - Frutas

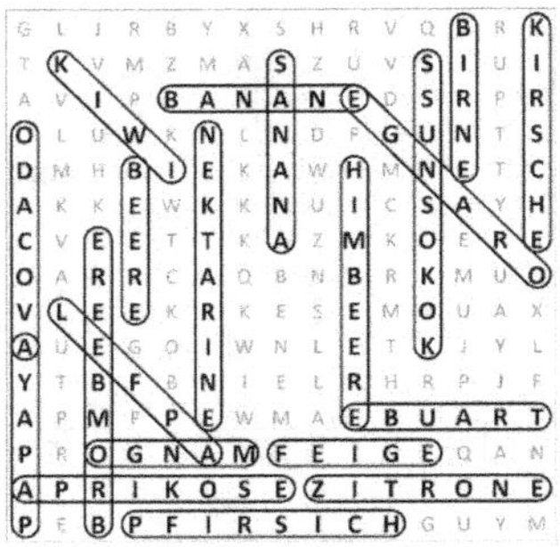

42 - Corpo Humano

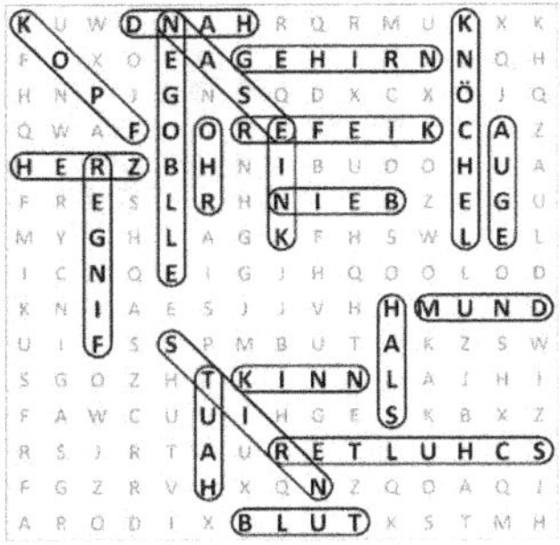

43 - Caminhada

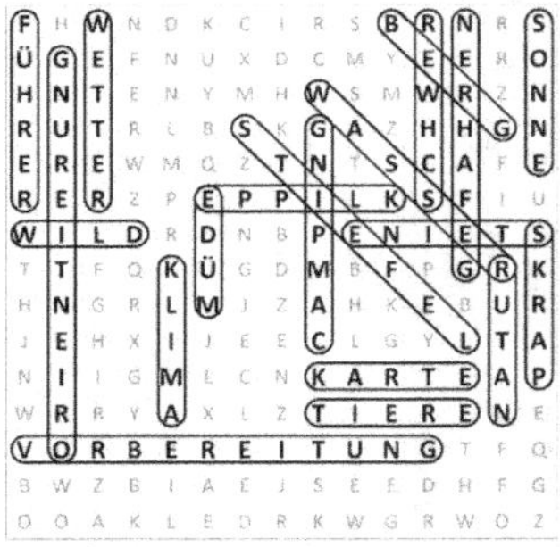

44 - Biologia

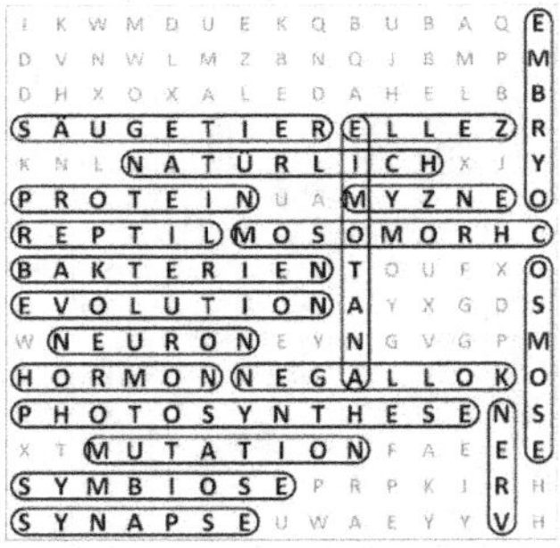

45 - Beleza

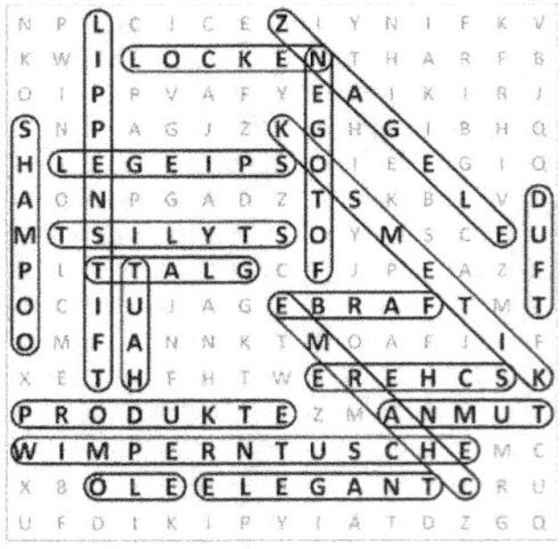

46 - Água

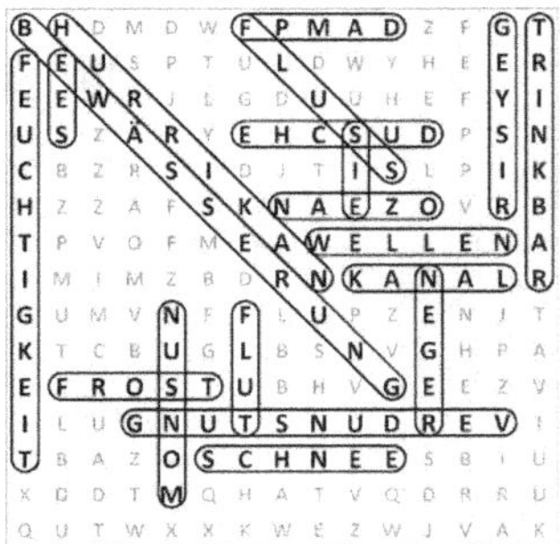

47 - Filantropia

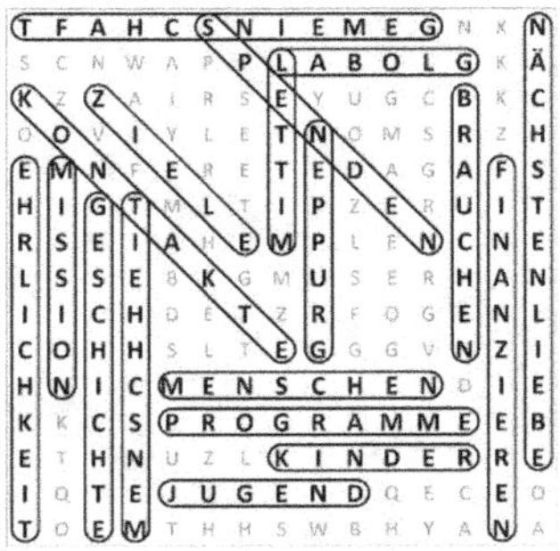

48 - Ecologia

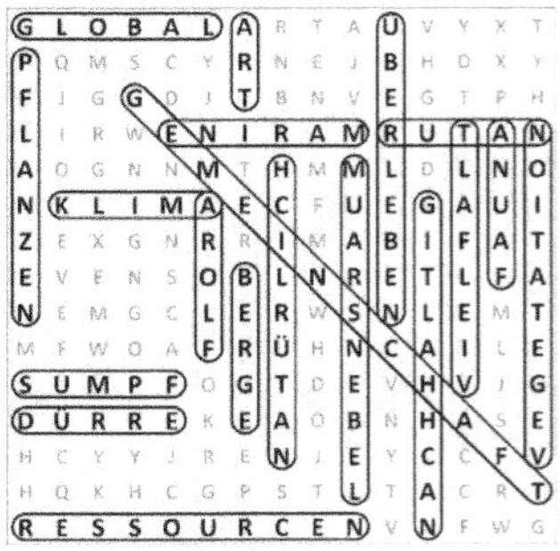

49 - Família

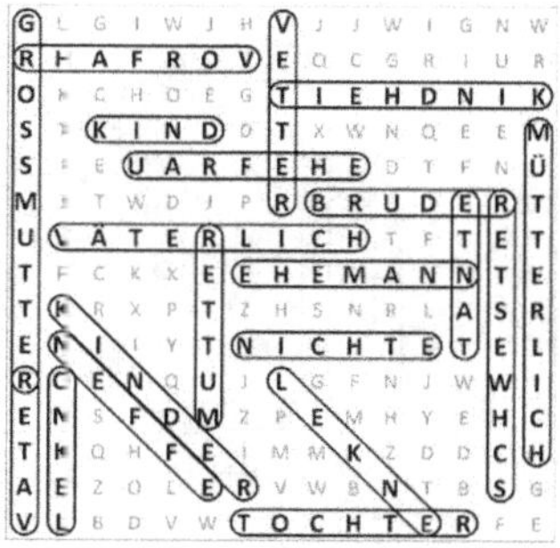

50 - Férias #2

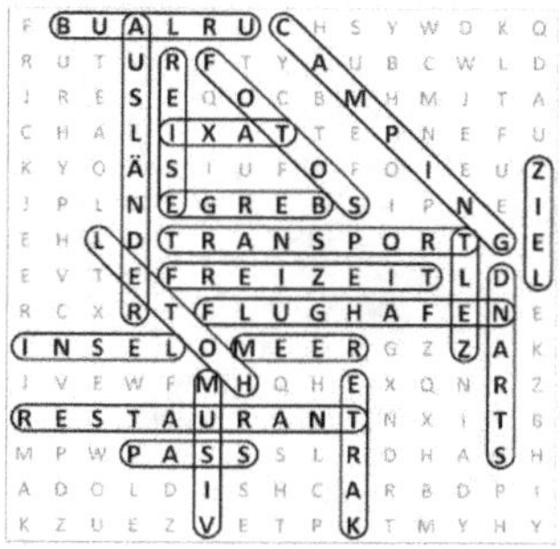

51 - Edifícios

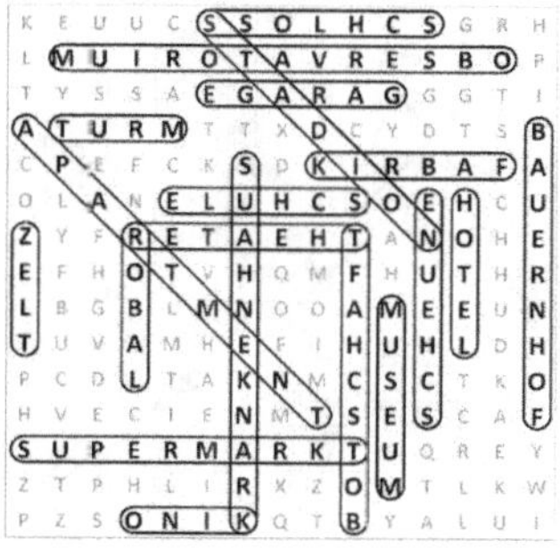

52 - Xadrez

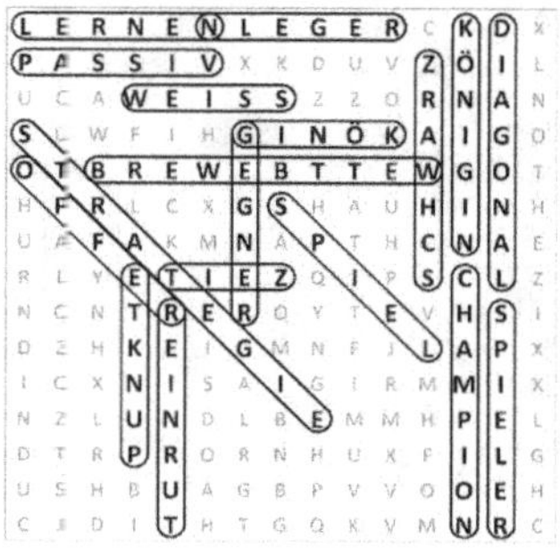

53 - Aventura

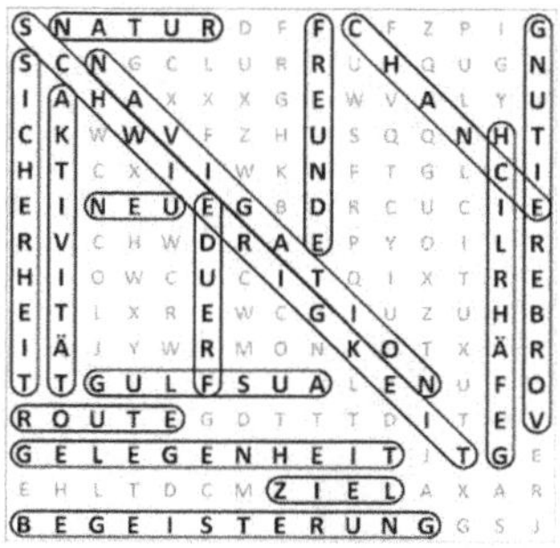

54 - Cidade

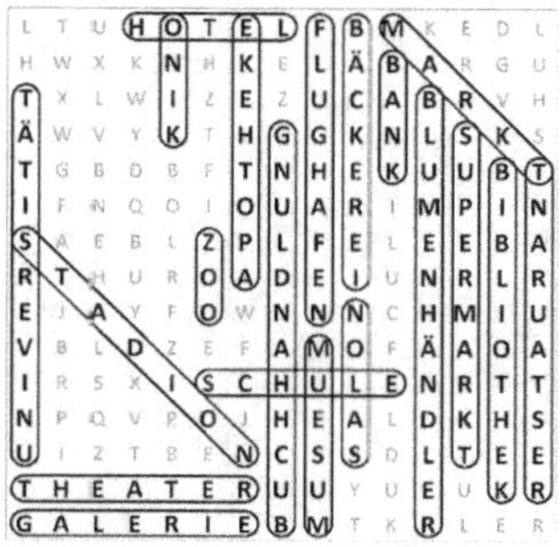

55 - Música

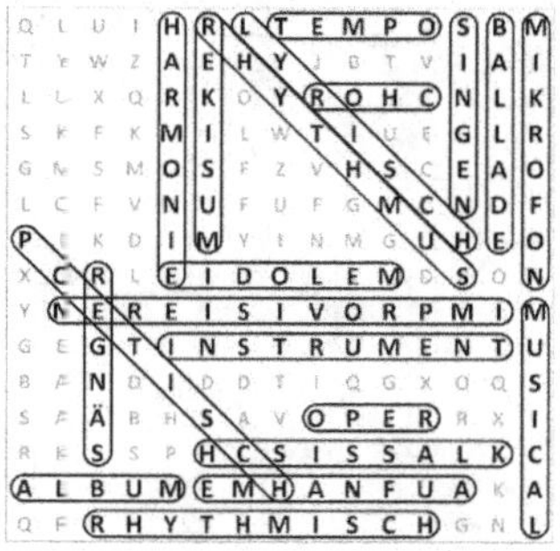

56 - Matemática

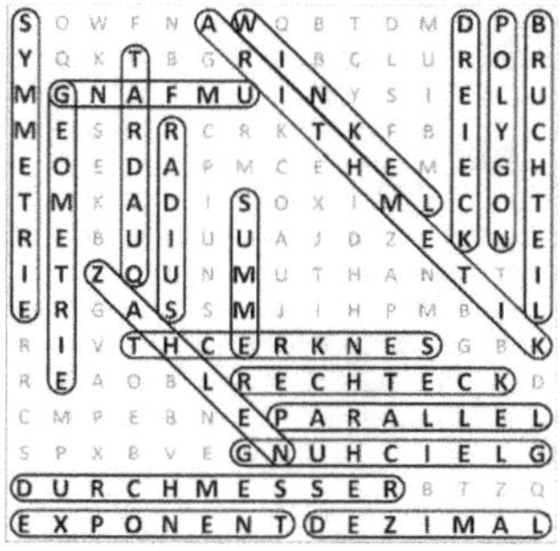

57 - Saúde e Bem Estar #1

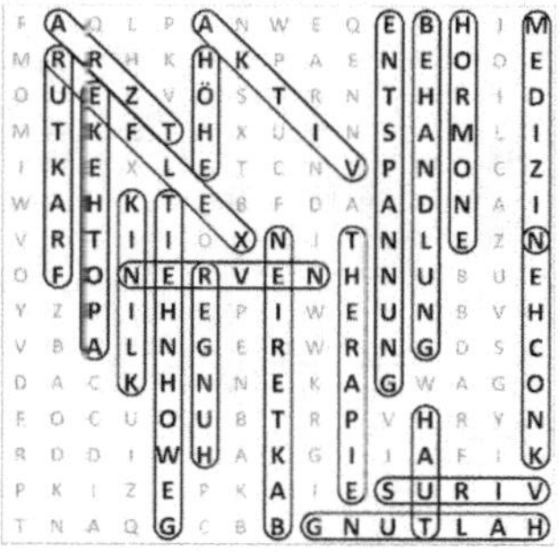

58 - Imigração

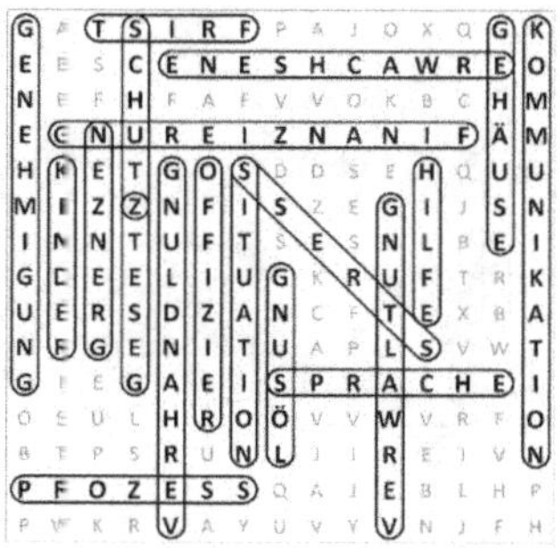

59 - Natureza

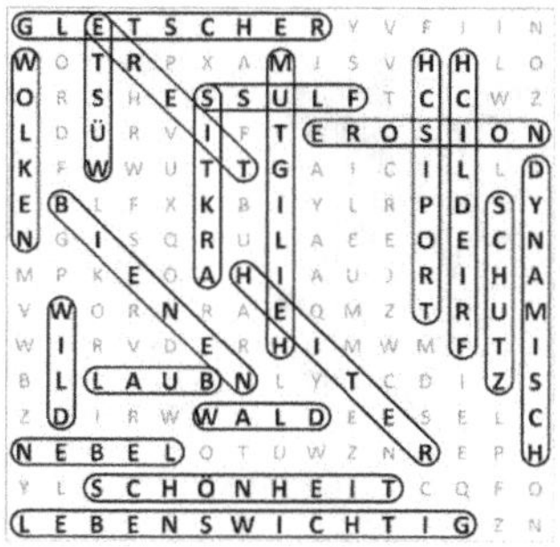

60 - A Empresa

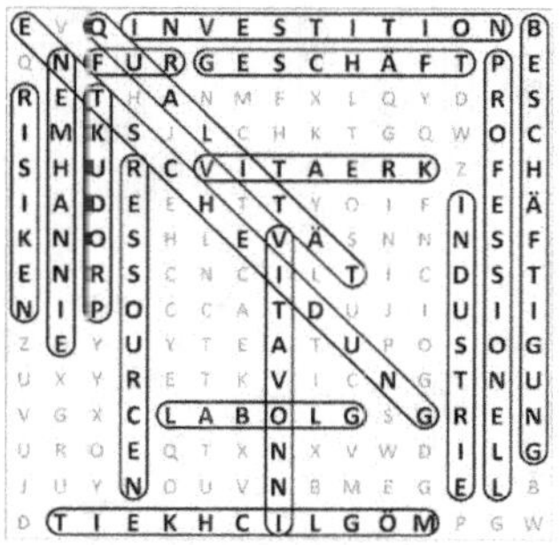

61 - Doença

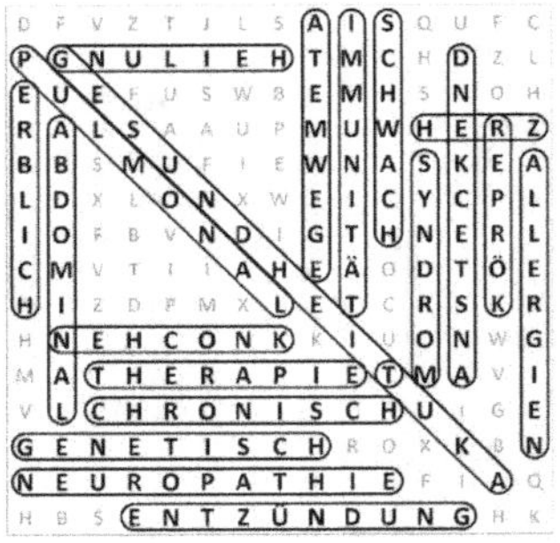

62 - Aviões

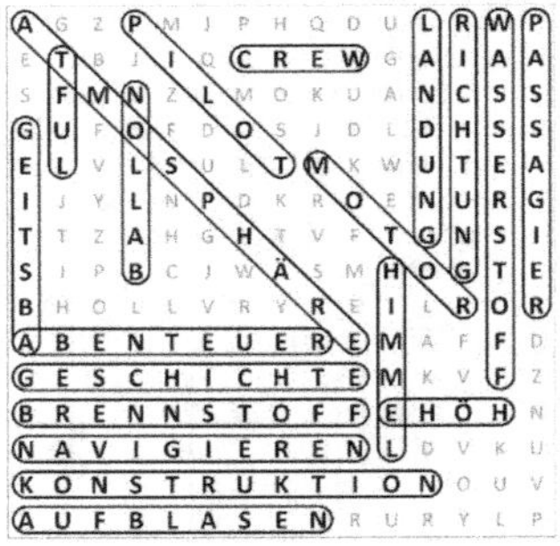

63 - Tipos de Cabelo

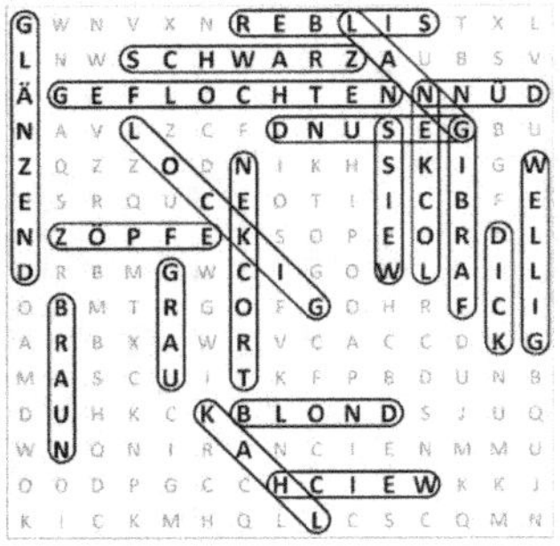

64 - Formas

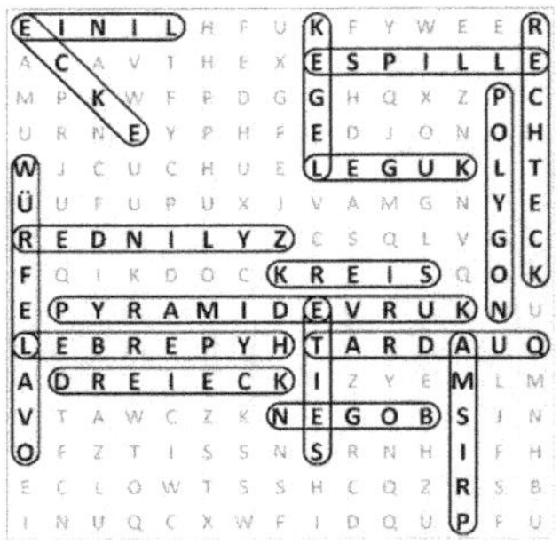

65 - Criatividade

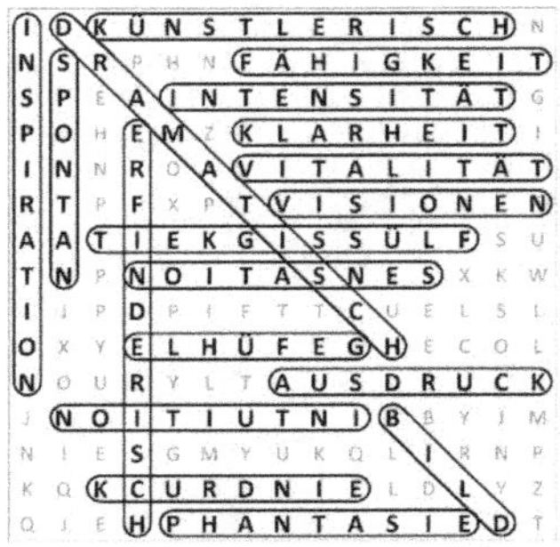

66 - Dias e Meses

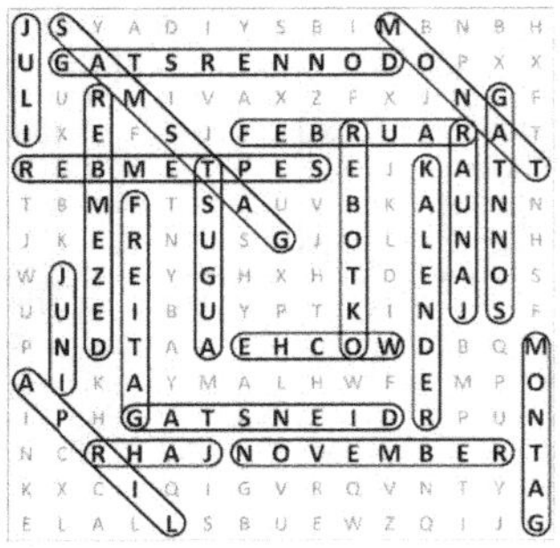

67 - Saúde e Bem Estar #2

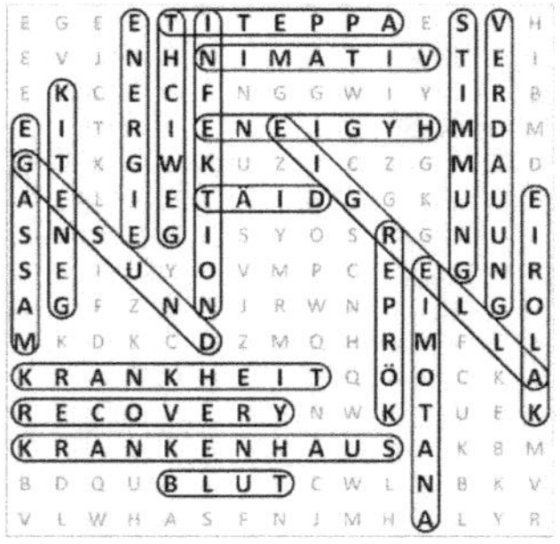

68 - Geografia

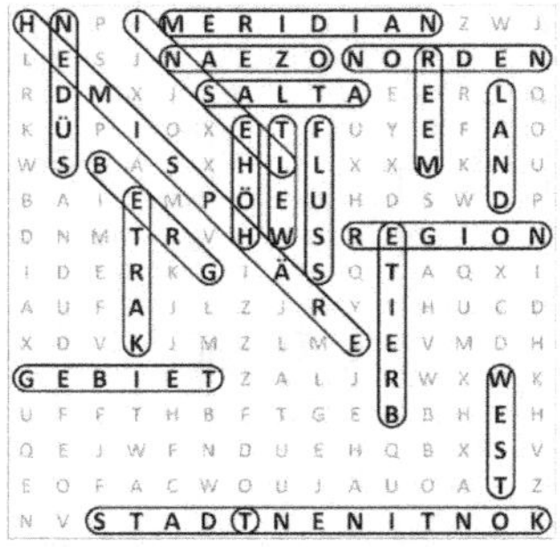

69 - Antártica

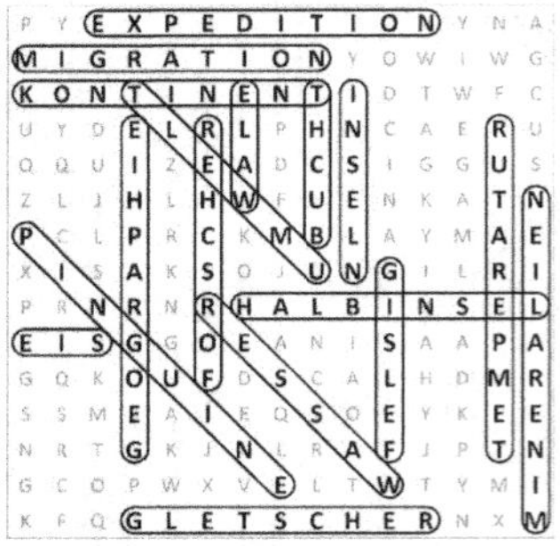

70 - Flores

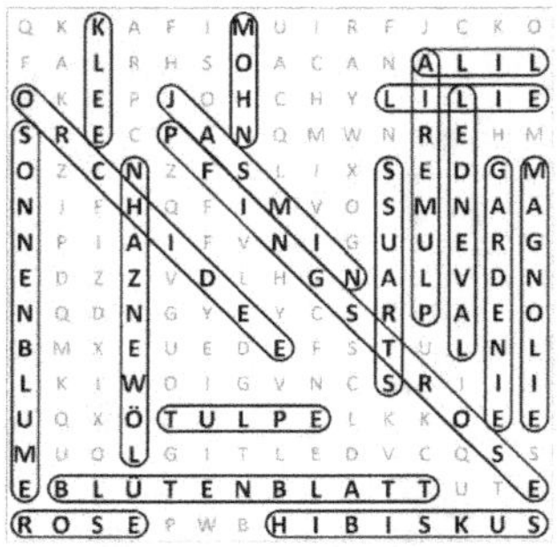

71 - Fazenda #1

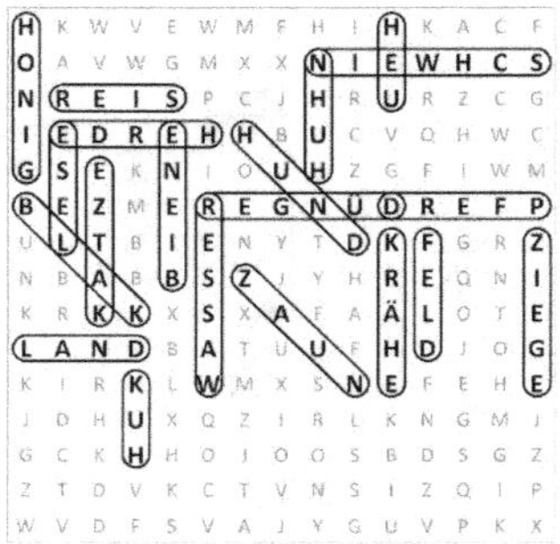

72 - Livros

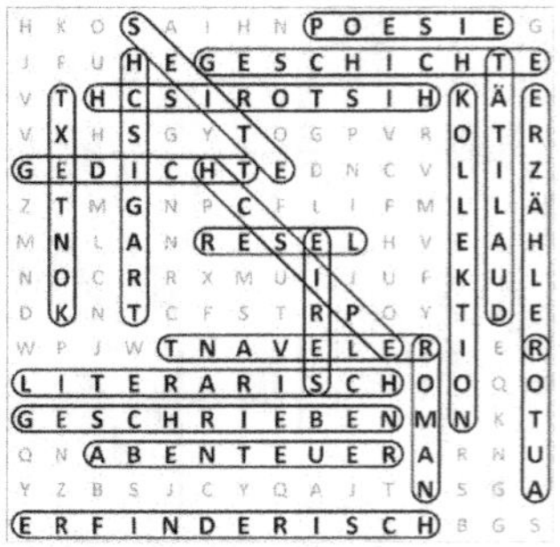

73 - Chocolate

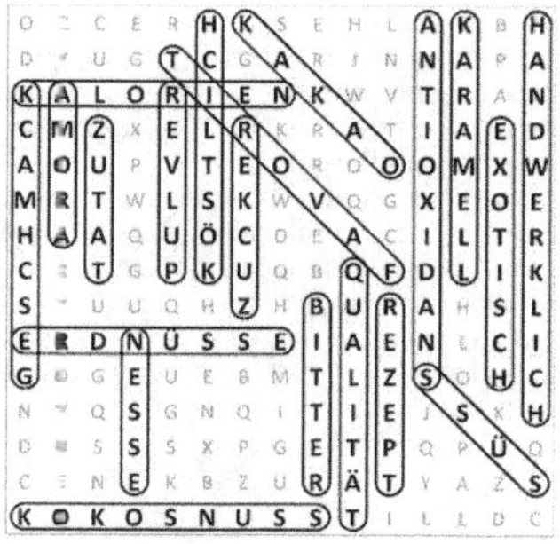

74 - Governo

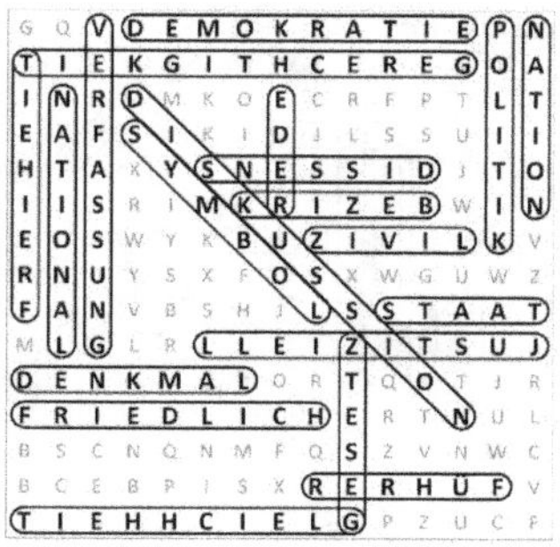

75 - Jardinagem

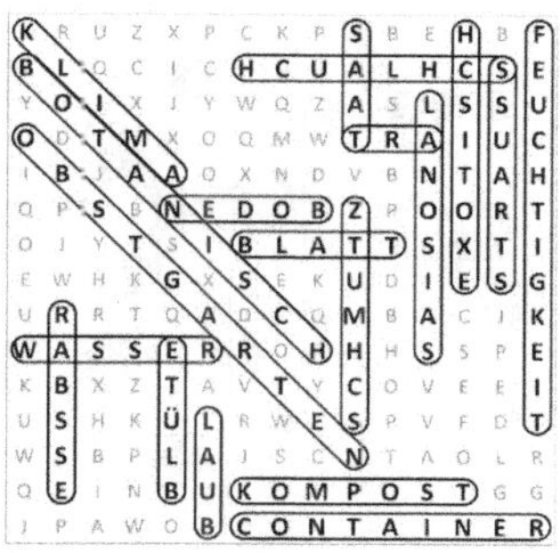

76 - Profissões #2

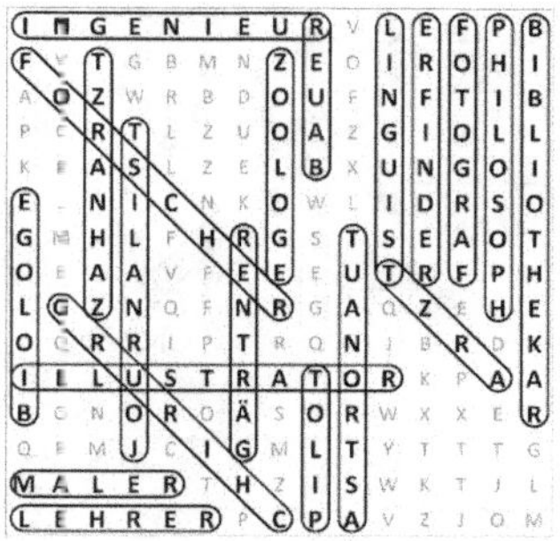

77 - Café

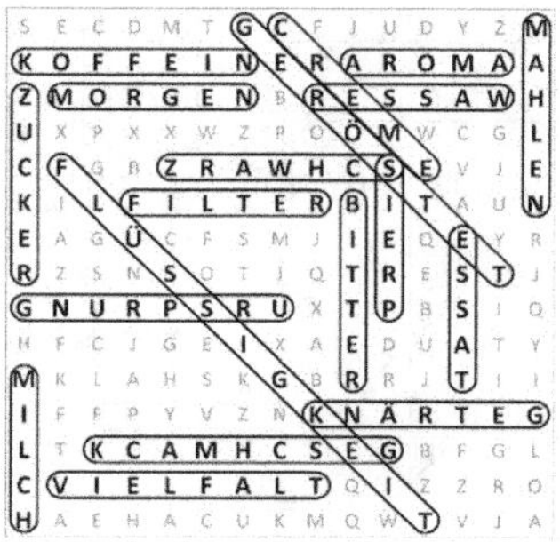

78 - Negócios

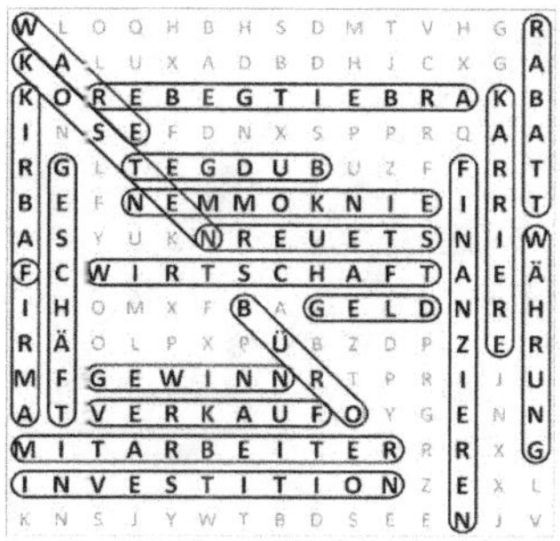

79 - Fazenda #2

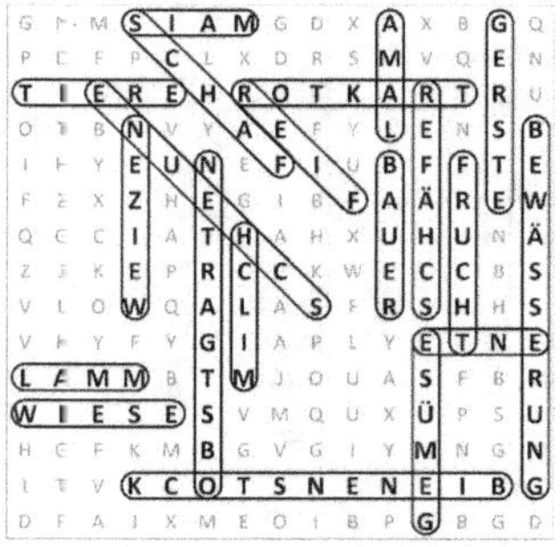

80 - Jardim

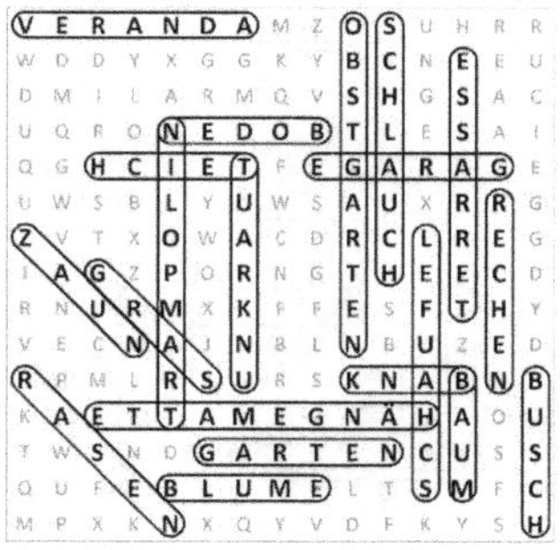

81 - Oceano

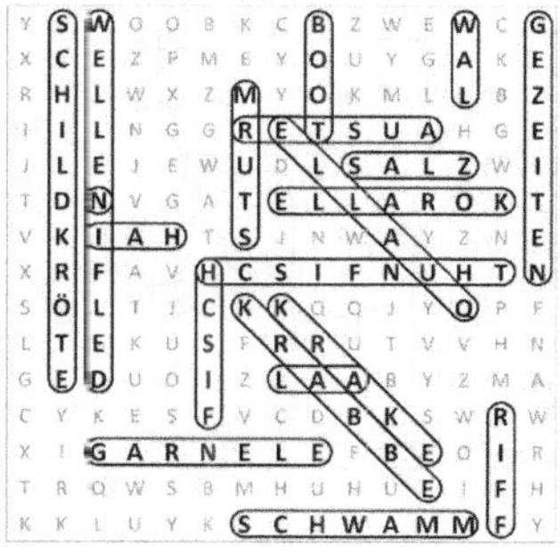

82 - Profissões #1

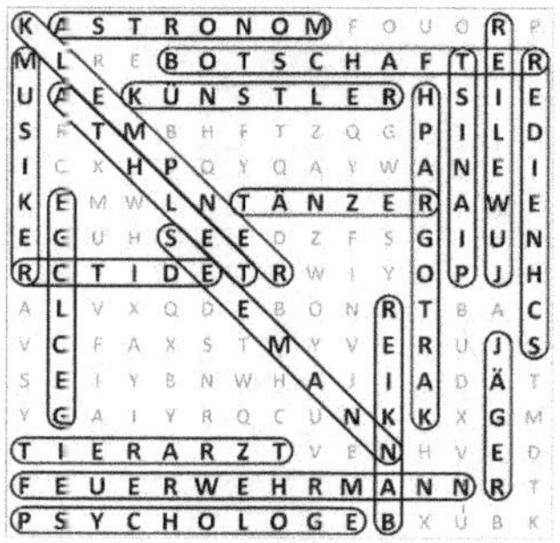

83 - Abelhas

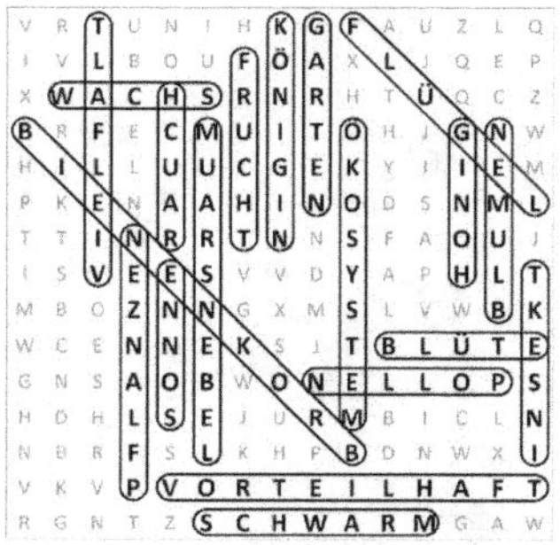

84 - Ciência

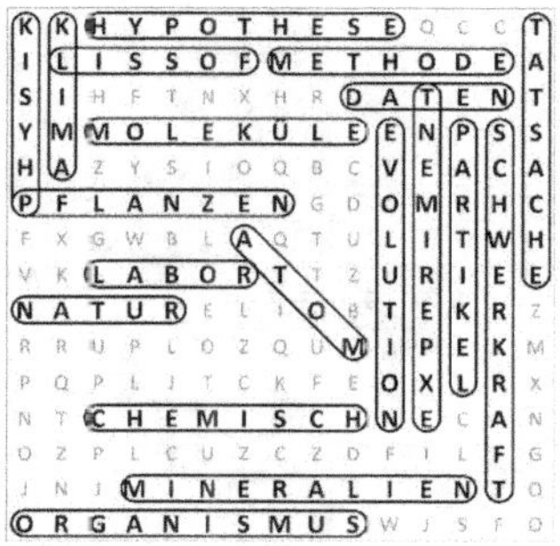

85 - Cores

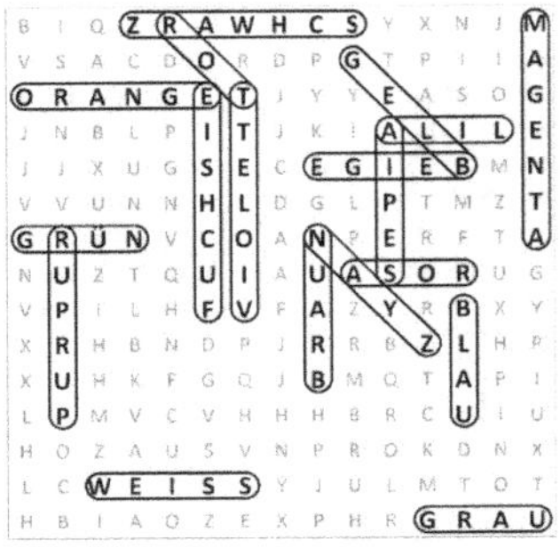

86 - Comida #1

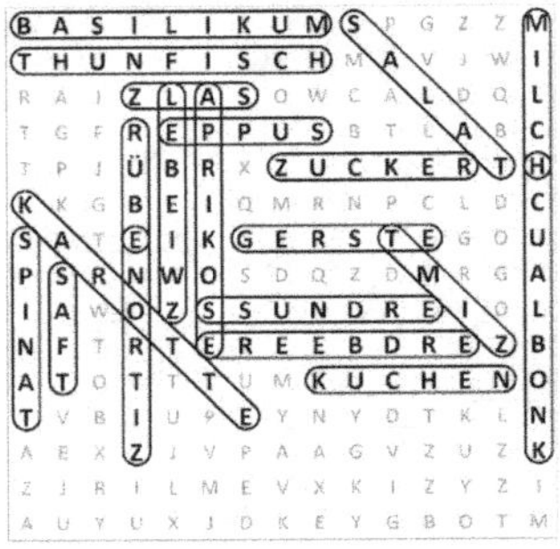

87 - Geometria

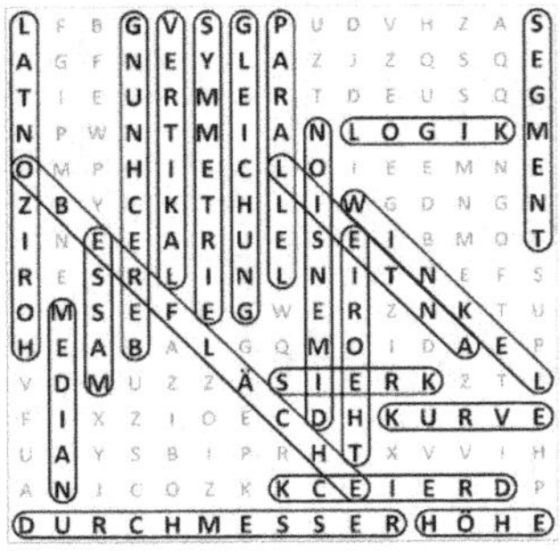

88 - Pássaros

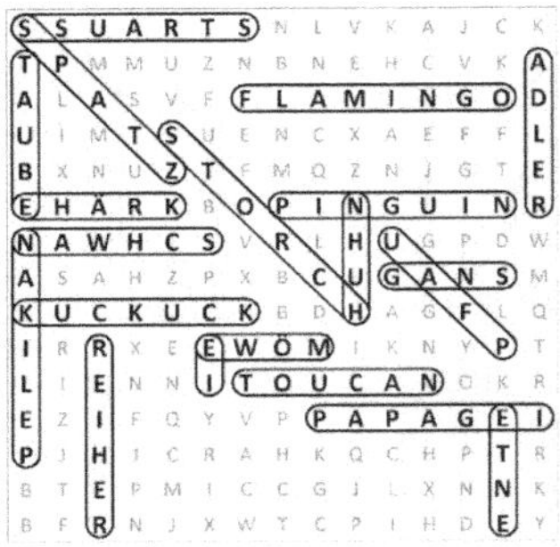

89 - Literatura

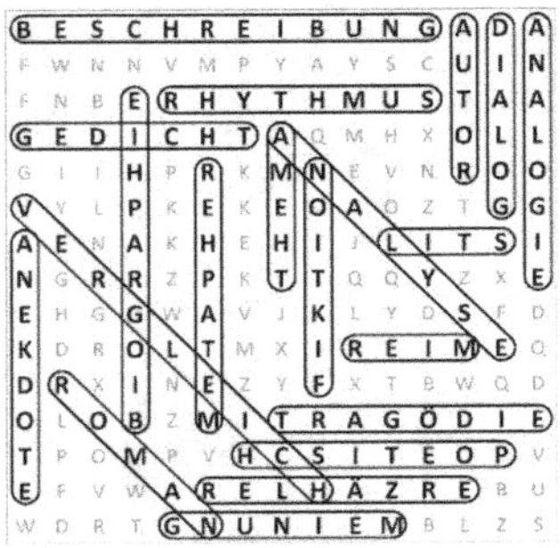

90 - Química

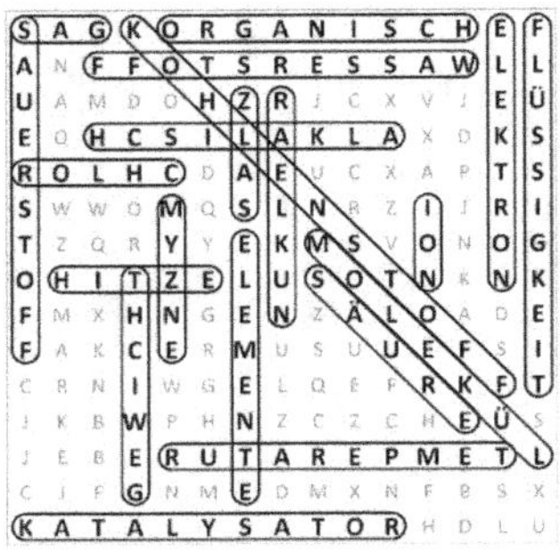

91 - Clima

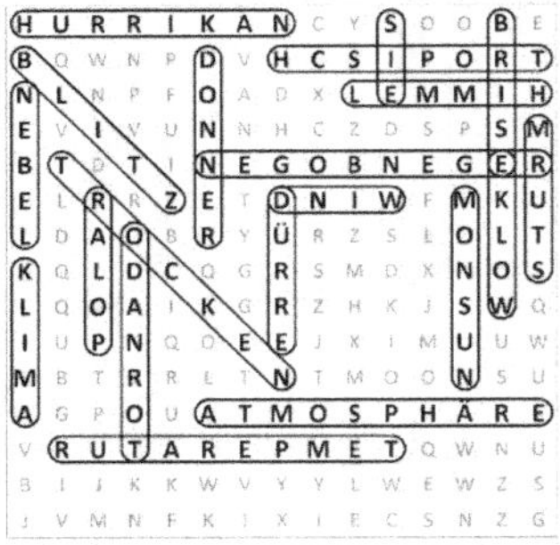

92 - Tecnologia

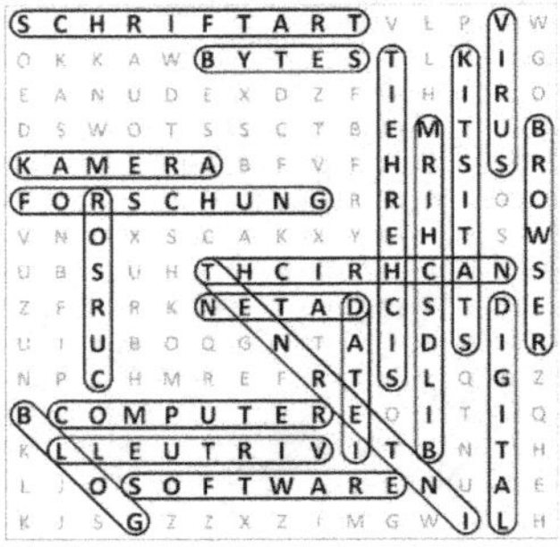

93 - Arte

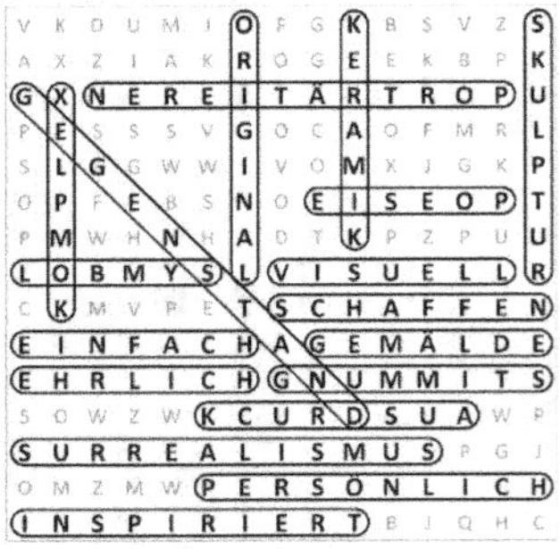

94 - Diplomacia

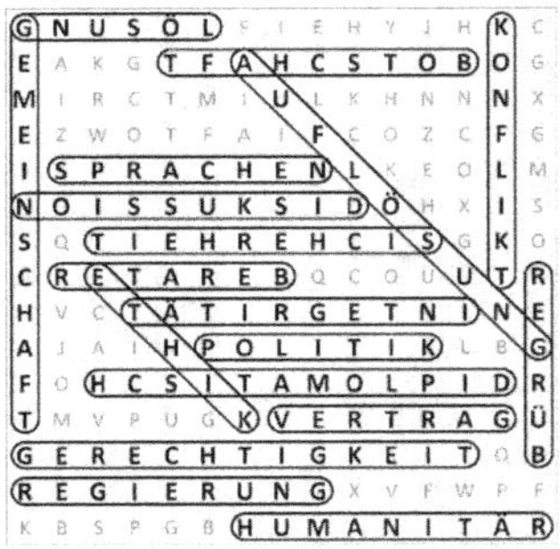

95 - Comida # 2

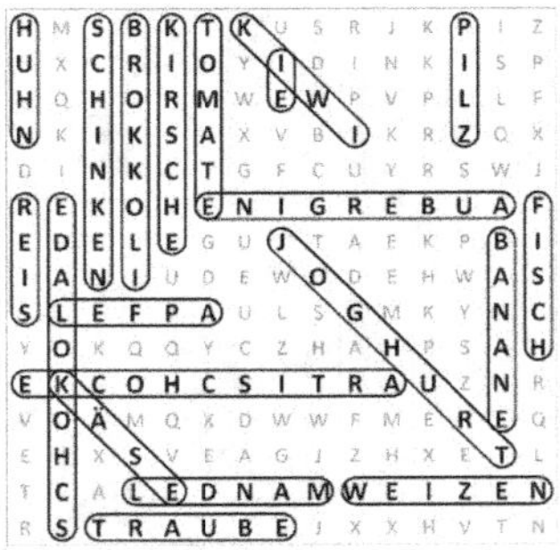

96 - Universo

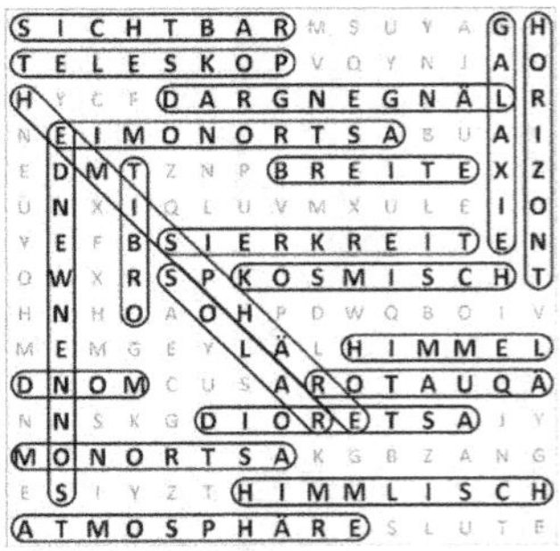

97 - Jazz

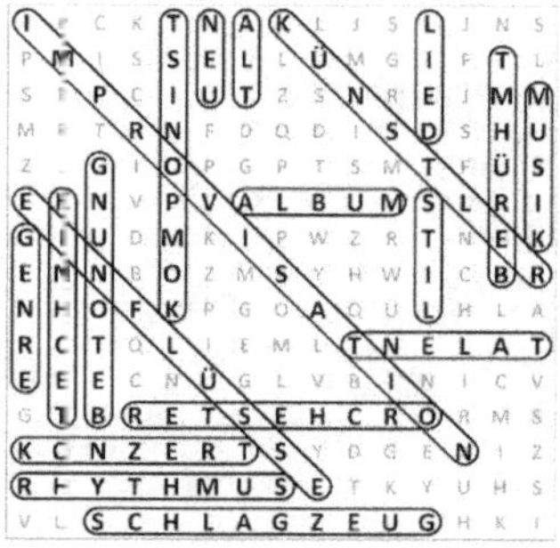

98 - Barcos

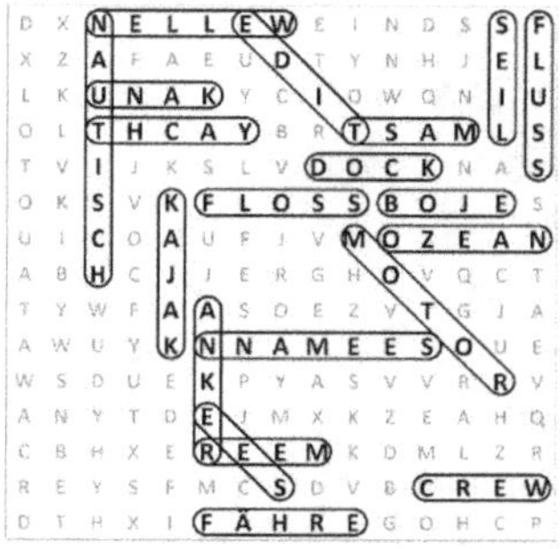

99 - Mamíferos

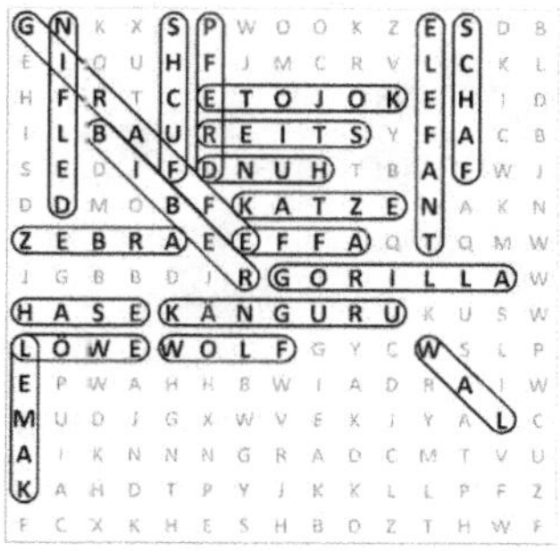

100 - Atividades e Lazer

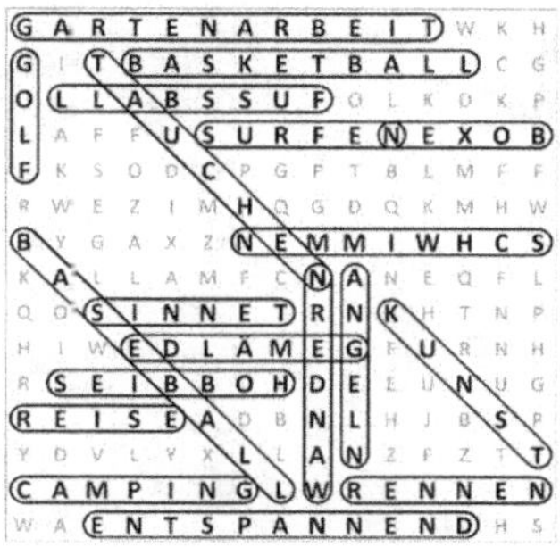

Dicionário

A Empresa
Das Unternehmen

Apresentação	Präsentation
Criativo	Kreativ
Decisão	Entscheidung
Emprego	Beschäftigung
Global	Global
Indústria	Industrie
Inovador	Innovativ
Investimento	Investition
Negócio	Geschäft
Possibilidade	Möglichkeit
Produto	Produkt
Profissional	Professionell
Progresso	Fortschritt
Qualidade	Qualität
Receita	Einnahmen
Recursos	Ressourcen
Reputação	Ruf
Riscos	Risiken
Unidades	Einheiten

Abelhas
Bienen

Asas	Flügel
Benéfico	Vorteilhaft
Cera	Wachs
Colmeia	Bienenkorb
Diversidade	Vielfalt
Ecossistema	Ökosystem
Enxame	Schwarm
Flor	Blüte
Flores	Blumen
Fruta	Frucht
Fumaça	Rauch
Habitat	Lebensraum
Inseto	Insekt
Jardim	Garten
Mel	Honig
Plantas	Pflanzen
Pólen	Pollen
Rainha	Königin
Sol	Sonne

Acampamento
Camping

Animais	Tiere
Aventura	Abenteuer
Árvores	Bäume
Bússola	Kompass
Cabine	Kabine
Caça	Jagd
Canoa	Kanu
Chapéu	Hut
Corda	Seil
Equipamento	Ausrüstung
Floresta	Wald
Fogo	Feuer
Inseto	Insekt
Lago	See
Lua	Mond
Maca	Hängematte
Mapa	Karte
Montanha	Berg
Natureza	Natur
Tenda	Zelt

Adjetivos #1
Adjektive #1

Absoluto	Absolut
Aromático	Aromatisch
Artístico	Künstlerisch
Atraente	Attraktiv
Enorme	Riesig
Escuro	Dunkel
Exótico	Exotisch
Fino	Dünn
Generoso	Grosszügig
Grande	Gross
Honesto	Ehrlich
Idêntico	Identisch
Importante	Wichtig
Lento	Langsam
Misterioso	Geheimnisvoll
Moderno	Modern
Perfeito	Perfekt
Pesado	Schwer
Sério	Ernst
Valioso	Wertvoll

Adjetivos #2
Adjektive #2

Autêntico	Authentisch
Criativo	Kreativ
Descritivo	Beschreibend
Dotado	Begabt
Elegante	Elegant
Famoso	Berühmt
Forte	Stark
Grosso	Dick
Interessante	Interessant
Natural	Natürlich
Normal	Normal
Novo	Neu
Orgulhoso	Stolz
Produtivo	Produktiv
Puro	Rein
Quente	Heiss
Salgado	Salzig
Saudável	Gesund
Seco	Trocken
Selvagem	Wild

Agronomia
Agronomie

Ambiente	Umwelt
Água	Wasser
Ciência	Wissenschaft
Crescimento	Wachstum
Doenças	Krankheit
Ecologia	Ökologie
Energia	Energie
Erosão	Erosion
Fertilizante	Dünger
Legumes	Gemüse
Orgânico	Organisch
Pesquisa	Forschung
Plantas	Pflanzen
Poluição	Verschmutzung
Produção	Produktion
Rural	Ländlich
Sementes	Saat
Sistemas	Systeme
Solo	Boden
Sustentável	Nachhaltig

Antártica
Antarktis

Ambiente	Umwelt
Água	Wasser
Baía	Bucht
Baleias	Wale
Conservação	Erhaltung
Continente	Kontinent
Expedição	Expedition
Exploração	Exploration
Geleiras	Gletscher
Gelo	Eis
Geografia	Geographie
Ilhas	Inseln
Investigador	Forscher
Migração	Migration
Minerais	Mineralien
Península	Halbinsel
Pinguins	Pinguine
Rochoso	Felsig
Temperatura	Temperatur
Topografia	Topographie

Antiguidades
Antiquitäten

Arte	Kunst
Autêntico	Authentisch
Coletor	Sammler
Decorativo	Dekorativ
Elegante	Elegant
Entusiasta	Enthusiast
Escultura	Skulptur
Estilo	Stil
Galeria	Galerie
Incomum	Ungewöhnlich
Investimento	Investition
Item	Artikel
Leilão	Versteigerung
Mobiliário	Möbel
Moedas	Münzen
Preço	Preis
Qualidade	Qualität
Século	Jahrhundert
Valor	Wert
Velho	Alt

Arqueologia
Archäologie

Análise	Analyse
Antiguidade	Antiquität
Avaliação	Auswertung
Civilização	Zivilisation
Descendente	Nachkomme
Desconhecido	Unbekannt
Equipe	Mannschaft
Era	Ära
Especialista	Experte
Esquecido	Vergessen
Fóssil	Fossil
Investigador	Forscher
Mistério	Geheimnis
Objetos	Objekte
Ossos	Knochen
Professor	Professor
Relíquia	Relikt
Templo	Tempel
Túmulo	Grab

Arte
Kunst

Cerâmica	Keramik
Complexo	Komplex
Criar	Schaffen
Escultura	Skulptur
Expressão	Ausdruck
Honesto	Ehrlich
Humor	Stimmung
Inspirado	Inspiriert
Original	Original
Pessoal	Persönlich
Pinturas	Gemälde
Poesia	Poesie
Retratar	Porträtieren
Simples	Einfach
Símbolo	Symbol
Sujeito	Gegenstand
Surrealismo	Surrealismus
Visual	Visuell

Artes Visuais
Bildende Kunst

Argila	Ton
Arquitetura	Architektur
Artista	Künstler
Caneta	Stift
Carvão	Holzkohle
Cavalete	Staffelei
Cera	Wachs
Cerâmica	Keramik
Criatividade	Kreativität
Escultura	Skulptur
Estêncil	Schablone
Filme	Film
Fotografia	Foto
Giz	Kreide
Lápis	Bleistift
Obra-Prima	Meisterwerk
Perspectiva	Perspektive
Pintura	Gemälde
Retrato	Porträt
Verniz	Lack

Astronomia
Astronomie

Asteróide	Asteroid
Astronauta	Astronaut
Astrônomo	Astronom
Céu	Himmel
Constelação	Konstellation
Cosmos	Kosmos
Eclipse	Finsternis
Foguete	Rakete
Galáxia	Galaxie
Gravidade	Schwerkraft
Lua	Mond
Meteoro	Meteor
Nebulosa	Nebel
Observatório	Observatorium
Planeta	Planet
Radiação	Strahlung
Solar	Solar
Supernova	Supernova
Terra	Erde
Universo	Universum

Atividades
Aktivitäten

Arte	Kunst
Artesanato	Kunsthandwerk
Atividade	Aktivität
Caca	Jagd
Caminhada	Wandern
Cerâmica	Keramik
Fotografia	Fotografie
Habilidade	Fähigkeit
Interesses	Interessen
Jardinagem	Gartenarbeit
Jogos	Spiele
Lazer	Freizeit
Lendo	Lesen
Magia	Magie
Pesca	Angeln
Pintura	Gemälde
Prazer	Vergnügen
Relaxamento	Entspannung

Atividades e Lazer
Aktivitäten und Freizeit

Acampamento	Camping
Arte	Kunst
Basquete	Basketball
Beisebol	Baseball
Boxe	Boxen
Caminhada	Wandern
Corrida	Rennen
Futebol	Fussball
Golfe	Golf
Hobbies	Hobbies
Jardinagem	Gartenarbeit
Mergulho	Tauchen
Natação	Schwimmen
Pesca	Angeln
Pintura	Gemälde
Relaxante	Entspannend
Surfe	Surfen
Tênis	Tennis
Viagem	Reise
Voleibol	Volleyball

Aventura
Abenteuer

Alegria	Freude
Amigos	Freunde
Atividade	Aktivität
Beleza	Schönheit
Bravura	Tapferkeit
Chance	Chance
Destino	Ziel
Dificuldade	Schwierigkeit
Entusiasmo	Begeisterung
Excursão	Ausflug
Incomum	Ungewöhnlich
Itinerário	Route
Natureza	Natur
Navegação	Navigation
Novo	Neu
Oportunidade	Gelegenheit
Perigoso	Gefährlich
Preparação	Vorbereitung
Segurança	Sicherheit
Surpreendente	Überraschend

Aviões
Flugzeuge

Altura	Höhe
Ar	Luft
Aterrissagem	Landung
Atmosfera	Atmosphäre
Aventura	Abenteuer
Balão	Ballon
Céu	Himmel
Combustível	Brennstoff
Construção	Konstruktion
Descida	Abstieg
Direção	Richtung
Hidrogênio	Wasserstoff
História	Geschichte
Inflar	Aufblasen
Motor	Motor
Navegar	Navigieren
Passageiro	Passagier
Piloto	Pilot
Tripulação	Crew
Turbulência	Turbulenz

Água
Wasser

Canal	Kanal
Chuva	Regen
Chuveiro	Dusche
Evaporação	Verdunstung
Furacão	Hurrikan
Geada	Frost
Gelo	Eis
Geyser	Geysir
Inundação	Flut
Irrigação	Bewässerung
Lago	See
Monção	Monsun
Neve	Schnee
Oceano	Ozean
Ondas	Wellen
Potável	Trinkbar
Rio	Fluss
Umidade	Feuchtigkeit
Vapor	Dampf

Álgebra
Algebra

Diagrama	Diagramm
Equação	Gleichung
Expoente	Exponent
Falso	Falsch
Fator	Faktor
Fórmula	Formel
Fração	Bruchteil
Infinito	Unendlich
Linear	Linear
Matriz	Matrix
Número	Nummer
Parêntese	Klammern
Problema	Problem
Quantidade	Menge
Simplificar	Vereinfachen
Solução	Lösung
Soma	Summe
Subtração	Subtraktion
Variável	Variable
Zero	Null

Balé
Ballett

Aplauso	Applaus
Artístico	Künstlerisch
Bailarina	Ballerina
Compositor	Komponist
Coreografia	Choreographie
Dançarinos	Tänzer
Ensaio	Probe
Estilo	Stil
Expressivo	Ausdrucksvoll
Gesto	Geste
Gracioso	Anmutig
Habilidade	Fähigkeit
Intensidade	Intensität
Música	Musik
Orquestra	Orchester
Prática	Praxis
Público	Publikum
Ritmo	Rhythmus
Solo	Solo
Técnica	Technik

Barcos
Boote

Âncora	Anker
Balsa	Fähre
Bóia	Boje
Caiaque	Kajak
Canoa	Kanu
Corda	Seil
Doca	Dock
Iate	Yacht
Jangada	Floss
Lago	See
Mar	Meer
Maré	Tide
Marinheiro	Seemann
Mastro	Mast
Motor	Motor
Náutico	Nautisch
Oceano	Ozean
Ondas	Wellen
Rio	Fluss
Tripulação	Crew

Beleza
Schönheit

Batom	Lippenstift
Cachos	Locken
Charme	Charme
Cor	Farbe
Cosméticos	Kosmetik
Elegante	Elegant
Elegância	Eleganz
Espelho	Spiegel
Estilista	Stylist
Fotogênico	Fotogen
Fragrância	Duft
Graça	Anmut
Óleos	Öle
Pele	Haut
Produtos	Produkte
Rímel	Wimperntusche
Suave	Glatt
Tesoura	Schere
Xampu	Shampoo

Biologia
Biologie

Anatomia	Anatomie
Bactérias	Bakterien
Célula	Zelle
Colagénio	Kollagen
Cromossoma	Chromosom
Embrião	Embryo
Enzima	Enzym
Evolução	Evolution
Fotossíntese	Photosynthese
Hormona	Hormon
Mamífero	Säugetier
Mutação	Mutation
Natural	Natürlich
Nervo	Nerv
Neurônio	Neuron
Osmose	Osmose
Proteína	Protein
Réptil	Reptil
Simbiose	Symbiose
Sinapse	Synapse

Café
Kaffee

Açúcar	Zucker
Amargo	Bitter
Aroma	Aroma
Assado	Geröstet
Água	Wasser
Bebida	Getränk
Cafeína	Koffein
Copa	Tasse
Creme	Creme
Filtro	Filter
Leite	Milch
Líquido	Flüssigkeit
Manhã	Morgen
Moer	Mahlen
Origem	Ursprung
Preço	Preis
Preto	Schwarz
Sabor	Geschmack
Variedade	Vielfalt

Caminhada
Wandern

Acampamento	Camping
Animais	Tiere
Água	Wasser
Botas	Stiefel
Cansado	Müde
Clima	Klima
Guias	Führer
Mapa	Karte
Montanha	Berg
Natureza	Natur
Orientação	Orientierung
Parques	Parks
Pedras	Steine
Penhasco	Klippe
Perigos	Gefahren
Pesado	Schwer
Preparação	Vorbereitung
Selvagem	Wild
Sol	Sonne
Tempo	Wetter

Casa
Haus

Biblioteca	Bibliothek
Cerca	Zaun
Chaves	Schlüssel
Chuveiro	Dusche
Cortinas	Vorhang
Cozinha	Küche
Espelho	Spiegel
Garagem	Garage
Janela	Fenster
Jardim	Garten
Lareira	Kamin
Mobiliário	Möbel
Parede	Wand
Porta	Tür
Quarto	Zimmer
Sótão	Dachboden
Tapete	Teppich
Teto	Decke
Torneira	Wasserhahn
Vassoura	Besen

Chocolate
Schokolade

Açúcar	Zucker
Amargo	Bitter
Amendoins	Erdnüsse
Antioxidante	Antioxidans
Aroma	Aroma
Artesanal	Handwerklich
Cacau	Kakao
Calorias	Kalorien
Caramelo	Karamell
Coco	Kokosnuss
Comer	Essen
Delicioso	Köstlich
Doce	Süss
Exótico	Exotisch
Favorito	Favorit
Gosto	Geschmack
Ingrediente	Zutat
Pó	Pulver
Qualidade	Qualität
Receita	Rezept

Churrascos
Barbecues

Almoço	Mittagessen
Convite	Einladung
Crianças	Kinder
Facas	Messer
Família	Familie
Fome	Hunger
Frango	Huhn
Fruta	Frucht
Grelha	Grill
Jantar	Abendessen
Jogos	Spiele
Legumes	Gemüse
Molho	Sosse
Música	Musik
Pimenta	Pfeffer
Quente	Heiss
Sal	Salz
Saladas	Salate
Tomates	Tomaten
Verão	Sommer

Cidade
Stadt

Aeroporto	Flughafen
Banco	Bank
Biblioteca	Bibliothek
Cinema	Kino
Escola	Schule
Estádio	Stadion
Farmácia	Apotheke
Florista	Blumenhändler
Galeria	Galerie
Hotel	Hotel
Jardim Zoológico	Zoo
Livraria	Buchhandlung
Mercado	Markt
Museu	Museum
Padaria	Bäckerei
Restaurante	Restaurant
Salão	Salon
Supermercado	Supermarkt
Teatro	Theater
Universidade	Universität

Ciência
Wissenschaft

Átomo	Atom
Clima	Klima
Dados	Daten
Evolução	Evolution
Experiência	Experiment
Fato	Tatsache
Física	Physik
Fóssil	Fossil
Gravidade	Schwerkraft
Hipótese	Hypothese
Laboratório	Labor
Método	Methode
Minerais	Mineralien
Moléculas	Moleküle
Natureza	Natur
Organismo	Organismus
Partículas	Partikel
Plantas	Pflanzen
Químico	Chemisch

Clima
Wetter

Arco-Íris	Regenbogen
Atmosfera	Atmosphäre
Brisa	Brise
Céu	Himmel
Clima	Klima
Furacão	Hurrikan
Gelo	Eis
Monção	Monsun
Nevoeiro	Nebel
Nuvem	Wolke
Polar	Polar
Relâmpago	Blitz
Seca	Dürre
Seco	Trocken
Temperatura	Temperatur
Tempestade	Sturm
Tornado	Tornado
Tropical	Tropisch
Trovão	Donner
Vento	Wind

Comida # 2
Essen #2

Alcachofra	Artischocke
Amêndoa	Mandel
Arroz	Reis
Banana	Banane
Beringela	Aubergine
Brócolis	Brokkoli
Cereja	Kirsche
Chocolate	Schokolade
Cogumelo	Pilz
Frango	Huhn
Iogurte	Joghurt
Kiwi	Kiwi
Maçã	Apfel
Ovo	Ei
Peixe	Fisch
Presunto	Schinken
Queijo	Käse
Tomate	Tomate
Trigo	Weizen
Uva	Traube

Comida #1
Essen #1

Açúcar	Zucker
Alho	Knoblauch
Amendoim	Erdnuss
Atum	Thunfisch
Bolo	Kuchen
Canela	Zimt
Cebola	Zwiebel
Cenoura	Karotte
Cevada	Gerste
Damasco	Aprikose
Espinafre	Spinat
Leite	Milch
Limão	Zitrone
Manjericão	Basilikum
Morango	Erdbeere
Nabo	Rübe
Sal	Salz
Salada	Salat
Sopa	Suppe
Suco	Saft

Cores
Farben

Amarelo	Gelb
Azul	Blau
Bege	Beige
Branco	Weiss
Carmesim	Purpur
Ciano	Zyan
Cinza	Grau
Fuchsia	Fuchsie
Laranja	Orange
Magenta	Magenta
Marrom	Braun
Preto	Schwarz
Rosa	Rosa
Roxo	Lila
Sépia	Sepia
Verde	Grün
Vermelho	Rot
Violeta	Violett

Corpo Humano
Menschlicher Körper

Boca	Mund
Cabeça	Kopf
Cérebro	Gehirn
Coração	Herz
Cotovelo	Ellbogen
Dedo	Finger
Joelho	Knie
Mandíbula	Kiefer
Mão	Hand
Nariz	Nase
Olho	Auge
Ombro	Schulter
Orelha	Ohr
Pele	Haut
Perna	Bein
Pescoço	Hals
Queixo	Kinn
Sangue	Blut
Testa	Stirn
Tornozelo	Knöchel

Criatividade
Kreativität

Artístico	Künstlerisch
Autenticidade	Authentizität
Clareza	Klarheit
Dramático	Dramatisch
Espontânea	Spontan
Expressão	Ausdruck
Fluidez	Flüssigkeit
Habilidade	Fähigkeit
Imagem	Bild
Imaginação	Phantasie
Impressão	Eindruck
Inspiração	Inspiration
Intensidade	Intensität
Intuição	Intuition
Inventivo	Erfinderisch
Sensação	Sensation
Sentimentos	Gefühle
Visões	Visionen
Vitalidade	Vitalität

Dança
Tanzen

Academia	Akademie
Alegre	Freudig
Arte	Kunst
Clássico	Klassisch
Coreografia	Choreographie
Corpo	Körper
Cultura	Kultur
Cultural	Kulturell
Emoção	Emotion
Ensaio	Probe
Expressivo	Ausdrucksvoll
Graça	Anmut
Movimento	Bewegung
Música	Musik
Parceiro	Partner
Postura	Haltung
Ritmo	Rhythmus
Saltar	Springen
Tradicional	Traditionell
Visual	Visuell

Dias e Meses
Tage und Monate

Abril	April
Agosto	August
Ano	Jahr
Calendário	Kalender
Dezembro	Dezember
Domingo	Sonntag
Fevereiro	Februar
Janeiro	Januar
Julho	Juli
Junho	Juni
Mês	Monat
Novembro	November
Outubro	Oktober
Quinta-Feira	Donnerstag
Sábado	Samstag
Segunda-Feira	Montag
Semana	Woche
Setembro	September
Sexta-Feira	Freitag
Terça	Dienstag

Diplomacia
Diplomatie

Cidadãos	Bürger
Comunidade	Gemeinschaft
Conflito	Konflikt
Consultor	Berater
Diplomático	Diplomatisch
Discussão	Diskussion
Embaixada	Botschaft
Embaixador	Botschafter
Estrangeiro	Ausländisch
Ética	Ethik
Governo	Regierung
Humanitário	Humanitär
Integridade	Integrität
Justiça	Gerechtigkeit
Línguas	Sprachen
Política	Politik
Resolução	Auflösung
Segurança	Sicherheit
Solução	Lösung
Tratado	Vertrag

Dirigindo
Fahren

Acidente	Unfall
Caminhão	Lkw
Carro	Auto
Combustível	Brennstoff
Cuidado	Vorsicht
Estrada	Strasse
Freios	Bremsen
Garagem	Garage
Gás	Gas
Licença	Lizenz
Mapa	Karte
Motocicleta	Motorrad
Motor	Motor
Pedestre	Fussgänger
Perigo	Gefahr
Polícia	Polizei
Segurança	Sicherheit
Transporte	Transport
Tráfego	Verkehr
Túnel	Tunnel

Disciplinas Científicas
Wissenschaftliche Disziplinen

Anatomia	Anatomie
Arqueologia	Archäologie
Astronomia	Astronomie
Biologia	Biologie
Bioquímica	Biochemie
Botânica	Botanik
Cinesiologia	Kinesiologie
Ecologia	Ökologie
Fisiologia	Physiologie
Geologia	Geologie
Imunologia	Immunologie
Linguística	Linguistik
Meteorologia	Meteorologie
Mineralogia	Mineralogie
Neurologia	Neurologie
Psicologia	Psychologie
Química	Chemie
Sociologia	Soziologie
Termodinâmica	Thermodynamik
Zoologia	Zoologie

Doença
Krankheit

Abdominal	Abdominal
Agudo	Akut
Alergias	Allergien
Contagioso	Ansteckend
Coração	Herz
Corpo	Körper
Crônica	Chronisch
Cura	Heilung
Fraco	Schwach
Genético	Genetisch
Hereditário	Erblich
Imunidade	Immunität
Inflamação	Entzündung
Neuropatia	Neuropathie
Ossos	Knochen
Pulmonar	Pulmonal
Respiratório	Atemwege
Saúde	Gesundheit
Síndrome	Syndrom
Terapia	Therapie

Ecologia
Ökologie

Clima	Klima
Comunidades	Gemeinschaft
Diversidade	Vielfalt
Espécies	Art
Fauna	Fauna
Flora	Flora
Global	Global
Habitat	Lebensraum
Marinho	Marine
Montanhas	Berge
Natural	Natürlich
Natureza	Natur
Pântano	Sumpf
Plantas	Pflanzen
Recursos	Ressourcen
Seca	Dürre
Sobrevivência	Überleben
Sustentável	Nachhaltig
Vegetação	Vegetation
Voluntários	Freiwillige

Edifícios
Gebäude

Apartamento	Apartment
Castelo	Schloss
Celeiro	Scheune
Cinema	Kino
Embaixada	Botschaft
Escola	Schule
Estádio	Stadion
Fazenda	Bauernhof
Fábrica	Fabrik
Garagem	Garage
Hospital	Krankenhaus
Hotel	Hotel
Laboratório	Labor
Museu	Museum
Observatório	Observatorium
Supermercado	Supermarkt
Teatro	Theater
Tenda	Zelt
Torre	Turm
Universidade	Universität

Energia
Energie

Ambiente	Umwelt
Bateria	Batterie
Calor	Hitze
Carbono	Kohlenstoff
Combustível	Brennstoff
Diesel	Diesel
Elétrico	Elektrisch
Elétron	Elektron
Entropia	Entropie
Fóton	Photon
Gasolina	Benzin
Hidrogênio	Wasserstoff
Indústria	Industrie
Motor	Motor
Nuclear	Nuklear
Poluição	Verschmutzung
Renovável	Erneuerbar
Sol	Sonne
Turbina	Turbine
Vento	Wind

Engenharia
Ingenieurwesen

Alavancas	Hebel
Atrito	Reibung
Ângulo	Winkel
Cálculo	Berechnung
Construção	Konstruktion
Diagrama	Diagramm
Diâmetro	Durchmesser
Diesel	Diesel
Distribuição	Verteilung
Eixo	Achse
Energia	Energie
Estabilidade	Stabilität
Estrutura	Struktur
Força	Stärke
Líquido	Flüssigkeit
Máquina	Maschine
Medição	Messung
Motor	Motor
Profundidade	Tiefe
Propulsão	Antrieb

Especiarias
Gewürze

Açafrão	Safran
Alcaçuz	Lakritze
Alho	Knoblauch
Amargo	Bitter
Anis	Anis
Azedo	Sauer
Baunilha	Vanille
Canela	Zimt
Cardamomo	Kardamom
Caril	Curry
Cebola	Zwiebel
Coentro	Koriander
Cominho	Kreuzkümmel
Doce	Süss
Funcho	Fenchel
Gengibre	Ingwer
Noz-Moscada	Muskatnuss
Pimenta	Pfeffer
Sabor	Geschmack
Sal	Salz

Esporte
Sport

Atleta	Athlet
Capacidade	Fähigkeit
Ciclismo	Radfahren
Corpo	Körper
Dançando	Tanzen
Dieta	Diät
Esportes	Sport
Força	Stärke
Jogging	Joggen
Maximizar	Maximieren
Metabólico	Metabolisch
Músculos	Muskel
Nutrição	Ernährung
Objetivo	Ziel
Ossos	Knochen
Programa	Programm
Resistência	Ausdauer
Saúde	Gesundheit
Treinador	Trainer

Família
Familie

Antepassado	Vorfahr
Avó	Grossmutter
Criança	Kind
Crianças	Kinder
Esposa	Ehefrau
Filha	Tochter
Infância	Kindheit
Irmã	Schwester
Irmão	Bruder
Marido	Ehemann
Materno	Mütterlich
Mãe	Mutter
Neto	Enkel
Pai	Vater
Paterno	Väterlich
Primo	Vetter
Sobrinha	Nichte
Sobrinho	Neffe
Tia	Tante
Tio	Onkel

Fazenda #1
Bauernhof #1

Abelha	Biene
Arroz	Reis
Água	Wasser
Bezerro	Kalb
Burro	Esel
Cabra	Ziege
Campo	Feld
Cavalo	Pferd
Cão	Hund
Cerca	Zaun
Corvo	Krähe
Feno	Heu
Fertilizante	Dünger
Frango	Huhn
Gato	Katze
Mel	Honig
Porco	Schwein
Rebanho	Herde
Terra	Land
Vaca	Kuh

Fazenda #2
Bauernhof #2

Agricultor	Bauer
Animais	Tiere
Celeiro	Scheune
Cevada	Gerste
Colmeia	Bienenstock
Cordeiro	Lamm
Fruta	Frucht
Irrigação	Bewässerung
Leite	Milch
Lhama	Lama
Maduro	Reif
Milho	Mais
Ovelha	Schaf
Pastor	Schäfer
Pato	Ente
Pomar	Obstgarten
Prado	Wiese
Trator	Traktor
Trigo	Weizen
Vegetal	Gemüse

Férias #2
Urlaub #2

Acampamento	Camping
Aeroporto	Flughafen
Destino	Ziel
Estrangeiro	Ausländer
Feriado	Urlaub
Fotos	Fotos
Hotel	Hotel
Ilha	Insel
Lazer	Freizeit
Mapa	Karte
Mar	Meer
Montanhas	Berge
Passaporte	Pass
Praia	Strand
Restaurante	Restaurant
Táxi	Taxi
Tenda	Zelt
Transporte	Transport
Viagem	Reise
Visto	Visum

Ficção Científica
Science Fiction

Atómico	Atomic
Cinema	Kino
Distante	Fern
Distopia	Dystopie
Explosão	Explosion
Extremo	Extrem
Fantástico	Fantastisch
Fogo	Feuer
Futurista	Futuristisch
Galáxia	Galaxie
Ilusão	Illusion
Imaginário	Imaginär
Livros	Bücher
Misterioso	Geheimnisvoll
Mundo	Welt
Oráculo	Orakel
Planeta	Planet
Robôs	Roboter
Tecnologia	Technologie
Utopia	Utopie

Filantropia
Philanthropie

Caridade	Nächstenliebe
Comunidade	Gemeinschaft
Contatos	Kontakte
Crianças	Kinder
Doar	Spenden
Finança	Finanzieren
Fundos	Mittel
Global	Global
Grupos	Gruppen
História	Geschichte
Honestidade	Ehrlichkeit
Humanidade	Menschheit
Juventude	Jugend
Missão	Mission
Necessidade	Brauchen
Objetivos	Ziele
Pessoas	Menschen
Programas	Programme
Público	Öffentlich

Física
Physik

Átomo	Atom
Caos	Chaos
Densidade	Dichte
Elétron	Elektron
Expansão	Expansion
Fórmula	Formel
Frequência	Frequenz
Gás	Gas
Gravidade	Schwerkraft
Leis	Gesetze
Magnetismo	Magnetismus
Massa	Masse
Mecânica	Mechanik
Molécula	Molekül
Motor	Motor
Nuclear	Nuklear
Partícula	Partikel
Químico	Chemisch
Relatividade	Relativität
Universal	Universal

Flores
Blumen

Buquê	Strauss
Dente-De-Leão	Löwenzahn
Gardênia	Gardenie
Girassol	Sonnenblume
Hibisco	Hibiskus
Jasmim	Jasmin
Lavanda	Lavendel
Lilás	Lila
Lírio	Lilie
Magnólia	Magnolie
Margarida	Gänseblümchen
Orquídea	Orchidee
Papoula	Mohn
Peônia	Pfingstrose
Pétala	Blütenblatt
Plumeria	Plumeria
Rosa	Rose
Trevo	Klee
Tulipa	Tulpe

Formas
Formen

Arco	Bogen
Canto	Ecke
Cilindro	Zylinder
Círculo	Kreis
Cone	Kegel
Cubo	Würfel
Curva	Kurve
Elipse	Ellipse
Esfera	Kugel
Hipérbole	Hyperbel
Lado	Seite
Linha	Linie
Oval	Oval
Pirâmide	Pyramide
Polígono	Polygon
Prisma	Prisma
Quadrado	Quadrat
Retângulo	Rechteck
Triângulo	Dreieck

Frutas
Obst

Abacate	Avocado
Abacaxi	Ananas
Amora	Brombeere
Baga	Beere
Banana	Banane
Cereja	Kirsche
Coco	Kokosnuss
Damasco	Aprikose
Figo	Feige
Framboesa	Himbeere
Kiwi	Kiwi
Laranja	Orange
Limão	Zitrone
Maçã	Apfel
Mamão	Papaya
Manga	Mango
Nectarina	Nektarine
Pera	Birne
Pêssego	Pfirsich
Uva	Traube

Geografia
Geographie

Altitude	Höhe
Atlas	Atlas
Cidade	Stadt
Continente	Kontinent
Hemisfério	Hemisphäre
Ilha	Insel
Latitude	Breite
Mapa	Karte
Mar	Meer
Meridiano	Meridian
Montanha	Berg
Mundo	Welt
Norte	Norden
Oceano	Ozean
Oeste	West
País	Land
Região	Region
Rio	Fluss
Sul	Süden
Território	Gebiet

Geologia
Geologie

Ácido	Säure
Camada	Schicht
Caverna	Höhle
Cálcio	Kalzium
Continente	Kontinent
Coral	Koralle
Cristais	Kristalle
Erosão	Erosion
Estalactite	Stalaktit
Estalagmites	Stalagmiten
Fóssil	Fossil
Lava	Lava
Minerais	Mineralien
Pedra	Stein
Platô	Plateau
Quartzo	Quarz
Sal	Salz
Terremoto	Erdbeben
Vulcão	Vulkan
Zona	Zone

Geometria
Geometrie

Altura	Höhe
Ângulo	Winkel
Cálculo	Berechnung
Círculo	Kreis
Curva	Kurve
Diâmetro	Durchmesser
Dimensão	Dimension
Equação	Gleichung
Horizontal	Horizontal
Lógica	Logik
Massa	Masse
Mediana	Median
Paralelo	Parallel
Proporção	Anteil
Segmento	Segment
Simetria	Symmetrie
Superfície	Oberfläche
Teoria	Theorie
Triângulo	Dreieck
Vertical	Vertikal

Governo
Regierung

Civil	Zivil
Constituição	Verfassung
Democracia	Demokratie
Discurso	Rede
Discussão	Diskussion
Dissidência	Dissens
Distrito	Bezirk
Estado	Staat
Igualdade	Gleichheit
Judicial	Justiziell
Justiça	Gerechtigkeit
Lei	Gesetz
Liberdade	Freiheit
Líder	Führer
Monumento	Denkmal
Nacional	National
Nação	Nation
Pacífico	Friedlich
Política	Politik
Símbolo	Symbol

Herbalismo
Kräuterkunde

Açafrão	Safran
Alecrim	Rosmarin
Alho	Knoblauch
Aromático	Aromatisch
Benéfico	Vorteilhaft
Estragão	Estragon
Flor	Blume
Funcho	Fenchel
Ingrediente	Zutat
Jardim	Garten
Lavanda	Lavendel
Manjericão	Basilikum
Manjerona	Majoran
Orégano	Oregano
Planta	Pflanze
Qualidade	Qualität
Sabor	Geschmack
Salsa	Petersilie
Tomilho	Thymian
Verde	Grün

Imigração
Einwanderung

Administração	Verwaltung
Adultos	Erwachsene
Ajuda	Hilfe
Aprovação	Genehmigung
Comunicação	Kommunikation
Crianças	Kinder
Estresse	Stress
Financiamento	Finanzierung
Fronteiras	Grenzen
Habitação	Gehäuse
Lei	Gesetz
Língua	Sprache
Negociação	Verhandlung
Oficial	Offizier
Prazo	Frist
Processo	Prozess
Proteção	Schutz
Situação	Situation
Solução	Lösung

Instrumentos Musicais
Musikinstrumente

Bandolim	Mandoline
Banjo	Banjo
Clarinete	Klarinette
Fagote	Fagott
Flauta	Flöte
Gaita	Mundharmonika
Gongo	Gong
Harpa	Harfe
Marimba	Marimba
Oboé	Oboe
Pandeiro	Tamburin
Percussão	Schlagzeug
Piano	Klavier
Saxofone	Saxophon
Tambor	Trommel
Trombone	Posaune
Trompete	Trompete
Violão	Gitarre
Violino	Geige
Violoncelo	Cello

Jardim
Garten

Ancinho	Rechen
Arbusto	Busch
Árvore	Baum
Banco	Bank
Cerca	Zaun
Ervas Daninhas	Unkraut
Flor	Blume
Garagem	Garage
Grama	Gras
Gramado	Rasen
Jardim	Garten
Lagoa	Teich
Maca	Hängematte
Mangueira	Schlauch
Pá	Schaufel
Pomar	Obstgarten
Solo	Boden
Terraço	Terrasse
Trampolim	Trampolin
Varanda	Veranda

Jardinagem
Gartenarbeit

Água	Wasser
Botânico	Botanisch
Buquê	Strauss
Clima	Klima
Comestível	Essbar
Composto	Kompost
Espécies	Art
Exótico	Exotisch
Flor	Blüte
Folha	Blatt
Folhagem	Laub
Mangueira	Schlauch
Pomar	Obstgarten
Recipiente	Container
Sazonal	Saisonal
Sementes	Saat
Solo	Boden
Sujeira	Schmutz
Umidade	Feuchtigkeit

Jazz
Jazz

Artista	Künstler
Álbum	Album
Bateria	Schlagzeug
Canção	Lied
Compositor	Komponist
Concerto	Konzert
Estilo	Stil
Ênfase	Betonung
Famoso	Berühmt
Favoritos	Favoriten
Gênero	Genre
Improvisação	Improvisation
Influências	Einflüsse
Música	Musik
Novo	Neu
Orquestra	Orchester
Ritmo	Rhythmus
Talento	Talent
Técnica	Technik
Velho	Alt

Literatura
Literatur

Analogia	Analogie
Análise	Analyse
Anedota	Anekdote
Autor	Autor
Biografia	Biographie
Comparação	Vergleich
Descrição	Beschreibung
Diálogo	Dialog
Estilo	Stil
Ficção	Fiktion
Metáfora	Metapher
Narrador	Erzähler
Opinião	Meinung
Poema	Gedicht
Poético	Poetisch
Rima	Reim
Ritmo	Rhythmus
Romance	Roman
Tema	Thema
Tragédia	Tragödie

Livros
Bücher

Autor	Autor
Aventura	Abenteuer
Coleção	Kollektion
Contexto	Kontext
Dualidade	Dualität
Escrito	Geschrieben
Épico	Episch
História	Geschichte
Histórico	Historisch
Inventivo	Erfinderisch
Leitor	Leser
Literário	Literarisch
Narrador	Erzähler
Página	Seite
Poema	Gedicht
Poesia	Poesie
Relevante	Relevant
Romance	Roman
Série	Serie
Trágico	Tragisch

Mamíferos
Säugetiere

Baleia	Wal
Camelo	Kamel
Canguru	Känguru
Castor	Biber
Cavalo	Pferd
Cão	Hund
Coelho	Hase
Coiote	Kojote
Elefante	Elefant
Gato	Katze
Girafa	Giraffe
Golfinho	Delfin
Gorila	Gorilla
Leão	Löwe
Lobo	Wolf
Macaco	Affe
Ovelha	Schaf
Raposa	Fuchs
Touro	Stier
Zebra	Zebra

Matemática
Mathematik

Aritmética	Arithmetik
Ângulos	Winkel
Circunferência	Umfang
Decimal	Dezimal
Diâmetro	Durchmesser
Equação	Gleichung
Expoente	Exponent
Fração	Bruchteil
Geometria	Geometrie
Números	Zahlen
Paralelo	Parallel
Perpendicular	Senkrecht
Polígono	Polygon
Quadrado	Quadrat
Raio	Radius
Retângulo	Rechteck
Simetria	Symmetrie
Soma	Summe
Triângulo	Dreieck
Volume	Volumen

Medições
Messungen

Altura	Höhe
Byte	Byte
Centímetro	Zentimeter
Comprimento	Länge
Decimal	Dezimal
Grama	Gramm
Grau	Grad
Largura	Breite
Litro	Liter
Massa	Masse
Metro	Meter
Minuto	Minute
Onça	Unze
Peso	Gewicht
Polegada	Zoll
Profundidade	Tiefe
Quilograma	Kilogramm
Quilômetro	Kilometer
Tonelada	Tonne
Volume	Volumen

Meditação
Meditation

Aceitação	Annahme
Acordado	Wach
Aprender	Lernen
Calmo	Ruhig
Clareza	Klarheit
Compaixão	Mitgefühl
Ensinamentos	Lehre
Felicidade	Glück
Gratidão	Dankbarkeit
Mental	Geistig
Mente	Verstand
Movimento	Bewegung
Música	Musik
Natureza	Natur
Paz	Frieden
Pensamentos	Gedanken
Perspectiva	Perspektive
Postura	Haltung
Respirando	Atmung
Silêncio	Stille

Mitologia
Mythologie

Arquétipo	Archetyp
Ciúmes	Eifersucht
Comportamento	Verhalten
Criação	Kreation
Criatura	Kreatur
Cultura	Kultur
Desastre	Katastrophe
Força	Stärke
Guerreiro	Krieger
Heroína	Heldin
Herói	Held
Labirinto	Labyrinth
Lenda	Legende
Mágico	Magisch
Monstro	Monster
Mortal	Sterblich
Relâmpago	Blitz
Triunfante	Triumphierend
Trovão	Donner
Vingança	Rache

Música
Musik

Álbum	Album
Balada	Ballade
Cantar	Singen
Cantor	Sänger
Clássico	Klassisch
Coro	Chor
Gravação	Aufnahme
Harmonia	Harmonie
Improvisar	Improvisieren
Instrumento	Instrument
Lírico	Lyrisch
Melodia	Melodie
Microfone	Mikrofon
Musical	Musical
Músico	Musiker
Ópera	Oper
Poético	Poetisch
Ritmo	Rhythmus
Rítmico	Rhythmisch
Tempo	Tempo

Natureza
Natur

Abelhas	Bienen
Abrigo	Schutz
Animais	Tiere
Ártico	Arktis
Beleza	Schönheit
Deserto	Wüste
Dinâmico	Dynamisch
Erosão	Erosion
Floresta	Wald
Folhagem	Laub
Geleira	Gletscher
Nevoeiro	Nebel
Nuvens	Wolken
Pacífico	Friedlich
Rio	Fluss
Santuário	Heiligtum
Selvagem	Wild
Sereno	Heiter
Tropical	Tropisch
Vital	Lebenswichtig

Negócios
Geschäft

Carreira	Karriere
Custo	Kosten
Desconto	Rabatt
Dinheiro	Geld
Economia	Wirtschaft
Empregado	Mitarbeiter
Empregador	Arbeitgeber
Empresa	Firma
Escritório	Büro
Fábrica	Fabrik
Finança	Finanzieren
Impostos	Steuern
Investimento	Investition
Loja	Geschäft
Lucro	Gewinn
Mercadoria	Ware
Moeda	Währung
Orçamento	Budget
Rendimento	Einkommen
Venda	Verkauf

Nutrição
Ernährung

Amargo	Bitter
Apetite	Appetit
Calorias	Kalorien
Carboidratos	Kohlenhydrate
Comestível	Essbar
Dieta	Diät
Digestão	Verdauung
Equilibrado	Ausgewogen
Fermentação	Fermentation
Líquidos	Flüssigkeiten
Molho	Sosse
Nutriente	Nährstoff
Peso	Gewicht
Proteínas	Proteine
Qualidade	Qualität
Sabor	Geschmack
Saudável	Gesund
Saúde	Gesundheit
Toxina	Toxin
Vitamina	Vitamin

Números
Zahlen

Cinco	Fünf
Decimal	Dezimal
Dez	Zehn
Dezesseis	Sechzehn
Dezessete	Siebzehn
Dezoito	Achtzehn
Dois	Zwei
Doze	Zwölf
Nove	Neun
Oito	Acht
Quatorze	Vierzehn
Quatro	Vier
Quinze	Fünfzehn
Seis	Sechs
Sete	Sieben
Treze	Dreizehn
Três	Drei
Um	Eins
Vinte	Zwanzig
Zero	Null

Oceano
Ozean

Atum	Thunfisch
Baleia	Wal
Barco	Boot
Camarão	Garnele
Caranguejo	Krabbe
Coral	Koralle
Enguia	Aal
Esponja	Schwamm
Golfinho	Delfin
Marés	Gezeiten
Medusa	Qualle
Ondas	Wellen
Ostra	Auster
Peixe	Fisch
Polvo	Krake
Recife	Riff
Sal	Salz
Tartaruga	Schildkröte
Tempestade	Sturm
Tubarão	Hai

Paisagens
Landschaften

Cascata	Wasserfall
Caverna	Höhle
Colina	Hügel
Deserto	Wüste
Geleira	Gletscher
Golfo	Golf
Iceberg	Eisberg
Ilha	Insel
Lago	See
Mar	Meer
Montanha	Berg
Oásis	Oase
Oceano	Ozean
Pântano	Sumpf
Península	Halbinsel
Praia	Strand
Rio	Fluss
Tundra	Tundra
Vale	Tal
Vulcão	Vulkan

Países #1
Länder #1

Alemanha	Deutschland
Brasil	Brasilien
Camboja	Kambodscha
Canadá	Kanada
Egito	Ägypten
Equador	Ecuador
Espanha	Spanien
Finlândia	Finnland
Iraque	Irak
Israel	Israel
Itália	Italien
Índia	Indien
Mali	Mali
Marrocos	Marokko
Nicarágua	Nicaragua
Noruega	Norwegen
Panamá	Panama
Polônia	Polen
Senegal	Senegal
Venezuela	Venezuela

Países #2
Länder #2

Albânia	Albanien
Dinamarca	Dänemark
França	Frankreich
Grécia	Griechenland
Haiti	Haiti
Indonésia	Indonesien
Irlanda	Irland
Jamaica	Jamaika
Japão	Japan
Laos	Laos
Líbano	Libanon
México	Mexiko
Nepal	Nepal
Nigéria	Nigeria
Paquistão	Pakistan
Rússia	Russland
Síria	Syrien
Somália	Somalia
Ucrânia	Ukraine
Uganda	Uganda

Pássaros
Vögel

Avestruz	Strauss
Águia	Adler
Cegonha	Storch
Cisne	Schwan
Corvo	Krähe
Cuco	Kuckuck
Flamingo	Flamingo
Frango	Huhn
Gaivota	Möwe
Ganso	Gans
Garça	Reiher
Ovo	Ei
Papagaio	Papagei
Pardal	Spatz
Pato	Ente
Pavão	Pfau
Pelicano	Pelikan
Pinguim	Pinguin
Pombo	Taube
Tucano	Toucan

Pesca
Angeln

Água	Wasser
Barbatanas	Flossen
Barco	Boot
Brânquias	Kiemen
Cesta	Korb
Cozinhar	Kochen
Equipamento	Ausrüstung
Exagero	Übertreibung
Fio	Draht
Gancho	Haken
Isca	Köder
Lago	See
Mandíbula	Kiefer
Oceano	Ozean
Paciência	Geduld
Peso	Gewicht
Praia	Strand
Rio	Fluss
Temporada	Jahreszeit

Plantas
Pflanzen

Arbusto	Busch
Árvore	Baum
Baga	Beere
Bambu	Bambus
Botânica	Botanik
Cacto	Kaktus
Erva	Kraut
Feijão	Bohne
Fertilizante	Dünger
Flor	Blume
Flora	Flora
Floresta	Wald
Folhagem	Laub
Grama	Gras
Hera	Efeu
Jardim	Garten
Musgo	Moos
Pétala	Blütenblatt
Raiz	Wurzel
Vegetação	Vegetation

Profissões #1
Berufe #1

Advogado	Rechtsanwalt
Alfaiate	Schneider
Artista	Künstler
Astrônomo	Astronom
Atleta	Athlet
Banqueiro	Bankier
Bombeiro	Feuerwehrmann
Caçador	Jäger
Cartógrafo	Kartograph
Dançarino	Tänzer
Editor	Editor
Embaixador	Botschafter
Encanador	Klempner
Geólogo	Geologe
Joalheiro	Juwelier
Marinheiro	Seemann
Músico	Musiker
Pianista	Pianist
Psicólogo	Psychologe
Veterinário	Tierarzt

Profissões #2
Berufe #2

Agricultor	Bauer
Astronauta	Astronaut
Bibliotecário	Bibliothekar
Biólogo	Biologe
Cirurgião	Chirurg
Dentista	Zahnarzt
Engenheiro	Ingenieur
Filósofo	Philosoph
Fotógrafo	Fotograf
Ilustrador	Illustrator
Inventor	Erfinder
Investigador	Forscher
Jardineiro	Gärtner
Jornalista	Journalist
Linguista	Linguist
Médico	Arzt
Piloto	Pilot
Pintor	Maler
Professor	Lehrer
Zoólogo	Zoologe

Química
Chemie

Alcalino	Alkalisch
Ácido	Säure
Calor	Hitze
Carbono	Kohlenstoff
Catalisador	Katalysator
Cloro	Chlor
Elementos	Elemente
Elétron	Elektron
Enzima	Enzym
Gás	Gas
Hidrogênio	Wasserstoff
Íon	Ion
Líquido	Flüssigkeit
Molécula	Molekül
Nuclear	Nuklear
Orgânico	Organisch
Oxigénio	Sauerstoff
Peso	Gewicht
Sal	Salz
Temperatura	Temperatur

Restaurante # 2
Restaurant #2

Almoço	Mittagessen
Aperitivo	Vorspeise
Água	Wasser
Bebida	Getränk
Bolo	Kuchen
Cadeira	Stuhl
Colher	Löffel
Delicioso	Köstlich
Especiarias	Gewürze
Fruta	Frucht
Garçom	Kellner
Garfo	Gabel
Gelo	Eis
Jantar	Abendessen
Legumes	Gemüse
Macarrão	Nudeln
Peixe	Fisch
Sal	Salz
Salada	Salat
Sopa	Suppe

Roupas
Kleidung

Avental	Schürze
Blusa	Bluse
Calça	Hose
Camisa	Hemd
Casaco	Mantel
Chapéu	Hut
Cinto	Gürtel
Colar	Halskette
Jaqueta	Jacke
Jeans	Jeans
Luvas	Handschuhe
Meias	Socken
Moda	Mode
Pijama	Schlafanzug
Pulseira	Armband
Saia	Rock
Sandálias	Sandalen
Sapato	Schuh
Suéter	Pullover
Vestido	Kleid

Saúde e Bem-Estar #1
Gesundheit und Wellness #1

Altura	Höhe
Ativo	Aktiv
Bactérias	Bakterien
Clínica	Klinik
Doutor	Arzt
Farmácia	Apotheke
Fome	Hunger
Fratura	Fraktur
Hábito	Gewohnheit
Hormones	Hormone
Medicina	Medizin
Nervos	Nerven
Ossos	Knochen
Pele	Haut
Postura	Haltung
Reflexo	Reflex
Relaxamento	Entspannung
Terapia	Therapie
Tratamento	Behandlung
Vírus	Virus

Saúde e Bem-Estar #2
Gesundheit und Wellness #2

Alergia	Allergie
Anatomia	Anatomie
Apetite	Appetit
Caloria	Kalorie
Corpo	Körper
Dieta	Diät
Digestão	Verdauung
Doença	Krankheit
Energia	Energie
Genética	Genetik
Higiene	Hygiene
Hospital	Krankenhaus
Humor	Stimmung
Infecção	Infektion
Massagem	Massage
Peso	Gewicht
Recuperação	Recovery
Sangue	Blut
Saudável	Gesund
Vitamina	Vitamin

Tecnologia
Technologie

Arquivo	Datei
Blog	Blog
Bytes	Bytes
Câmera	Kamera
Computador	Computer
Cursor	Cursor
Dados	Daten
Digital	Digital
Estatísticas	Statistik
Fonte	Schriftart
Internet	Internet
Mensagem	Nachricht
Navegador	Browser
Pesquisa	Forschung
Segurança	Sicherheit
Software	Software
Tela	Bildschirm
Virtual	Virtuell
Vírus	Virus

Tempo
Zeit

Agora	Jetzt
Ano	Jahr
Antes	Vor
Anual	Jährlich
Calendário	Kalender
Década	Jahrzehnt
Dia	Tag
Futuro	Zukunft
Hoje	Heute
Hora	Stunde
Manhã	Morgen
Meio-Dia	Mittag
Mês	Monat
Minuto	Minute
Momento	Moment
Noite	Nacht
Ontem	Gestern
Relógio	Uhr
Semana	Woche
Século	Jahrhundert

Tipos de Cabelo
Haartypen

Branco	Weiss
Brilhante	Glänzend
Cachos	Locken
Careca	Kahl
Cinza	Grau
Colori	Farbig
Encaracolado	Lockig
Fino	Dünn
Grosso	Dick
Loiro	Blond
Longo	Lang
Marrom	Braun
Ondulado	Wellig
Prata	Silber
Preto	Schwarz
Saudável	Gesund
Seco	Trocken
Suave	Weich
Trançado	Geflochten
Tranças	Zöpfe

Universo
Universum

Asteróide	Asteroid
Astronomia	Astronomie
Astrônomo	Astronom
Atmosfera	Atmosphäre
Celestial	Himmlisch
Céu	Himmel
Cósmico	Kosmisch
Equador	Äquator
Galáxia	Galaxie
Hemisfério	Hemisphäre
Horizonte	Horizont
Latitude	Breite
Longitude	Längengrad
Lua	Mond
Órbita	Orbit
Solar	Solar
Solstício	Sonnenwende
Telescópio	Teleskop
Visível	Sichtbar
Zodíaco	Tierkreis

Vegetais
Gemüse

Abóbora	Kürbis
Aipo	Sellerie
Alcachofra	Artischocke
Alho	Knoblauch
Batata	Kartoffel
Beringela	Aubergine
Brócolis	Brokkoli
Cebola	Zwiebel
Cenoura	Karotte
Chalota	Schalotte
Cogumelo	Pilz
Ervilha	Erbse
Espinafre	Spinat
Gengibre	Ingwer
Nabo	Rübe
Pepino	Gurke
Rabanete	Rettich
Salada	Salat
Salsa	Petersilie
Tomate	Tomate

Veículos
Fahrzeuge

Ambulância	Krankenwagen
Avião	Flugzeug
Balsa	Fähre
Barco	Boot
Bicicleta	Fahrrad
Caminhão	Lkw
Caravana	Wohnwagen
Carro	Auto
Foguete	Rakete
Furgão	Van
Helicóptero	Hubschrauber
Jangada	Floss
Lambreta	Roller
Metrô	U-Bahn
Motor	Motor
Ônibus	Bus
Pneus	Reifen
Submarino	U-Boot
Táxi	Taxi
Trator	Traktor

Xadrez
Schach

Aprender	Lernen
Branco	Weiss
Campeão	Champion
Concurso	Wettbewerb
Diagonal	Diagonal
Estratégia	Strategie
Jogador	Spieler
Jogo	Spiel
Oponente	Gegner
Passivo	Passiv
Pontos	Punkte
Preto	Schwarz
Rainha	Königin
Regras	Regeln
Rei	König
Sacrifício	Opfer
Tempo	Zeit
Torneio	Turnier

Parabéns

Conseguiu!

Esperamos que tenha gostado tanto deste livro como nós gostamos de o desenhar. Esforçamo-nos por criar livros da mais alta qualidade possível.
Esta edição foi concebida para proporcionar uma aprendizagem inteligente, de qualidade e divertida!

Gostou deste livro?

Um simples pedido

Estes livros existem graças às críticas que publica.
Pode ajudar-nos, deixando agora uma revisão?

Aqui está um pequeno link para
a sua página de revisão:

BestBooksActivity.com/Avaliacoes50

DESAFIO FINAL!

Desafio n° 1

Está pronto para o seu jogo grátis? Usamo-los a toda a hora, mas não são tão fáceis de encontrar - aqui estão os Sinônimos!
Escreva 5 palavras que encontrou nos puzzles (n° 21, n° 36, n° 76) e tente encontrar 2 sinónimos para cada palavra.

*Escreva 5 palavras de **Puzzle 21***

Palavras	Sinônimo 1	Sinônimo 2

*Escreva 5 palavras de **Puzzle 36***

Palavras	Sinônimo 1	Sinônimo 2

*Escreva 5 palavras de **Puzzle 76***

Palavras	Sinônimo 1	Sinônimo 2

Desafio n° 2

Agora que já aqueceu, escreva 5 palavras que encontrou nos Puzzles (n° 9, n° 17 e n° 25) e tente encontrar 2 antônimos para cada palavra. Quantos se podem encontrar em 20 minutos?

*Escreva 5 palavras de **Puzzle 9***

Palavras	Antônimo 1	Antônimo 2

*Escreva 5 palavras de **Puzzle 17***

Palavras	Antônimo 1	Antônimo 2

*Escreva 5 palavras de **Puzzle 25***

Palavras	Antônimo 1	Antônimo 2

Desafio n° 3

Óptimo! Este desafio final 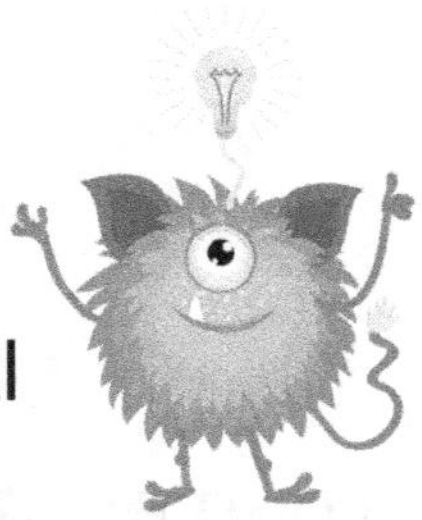 não é nada para si.

Pronto para o desafio final? Escolha 10 palavras que tenha descoberto nos diferentes puzzles e escreva-as abaixo.

1.	6.
2.	7.
3.	8.
4.	9.
5.	10.

Agora escreva um texto a pensar numa pessoa, num animal ou num lugar de seu agrado.

Pode utilizar a última página deste livro como um rascunho.

A Sua Composição:

CADERNO DE NOTAS:

ATÉ BREVE!

A equipa Inteira

www.ingramcontent.com/pod-product-compliance
Lightning Source LLC
Chambersburg PA
CBHW082211120626
46553CB00010B/3098
9798896704041